英語が嫌いでも
短期でスコアアップ

TOEIC® TEST
英語勉強法

TARGET 600

土屋雅稔
Tsuchiya Masatoshi

英語が嫌いでも、
TOEIC はスコアアップできます

短期間の勉強でTOEICの良い点数を取りたい。
でも、英語は嫌いだ。

もし、このような思いをお持ちでしたら、本書こそ、あなたのための本です。

私は中学生のときに英語の発音を教師に大爆笑されて以来、英語が嫌いになり、大人になるまで英語を音読したことさえありません。

高校はビリから2番で卒業し、大学は3日で中退、20代の大半は、オートバイのレーサーを目指して、肉体労働系のフリーターとして過ごしていました。

その後、思うところあって、30才で英語学習をスタートし、1年でTOEICスコアを900まで伸ばすことができました。

英語が嫌いでも短期でスコアアップすることは可能なのです。

私自身、さまざまな学習法を試しました。

効果的なものもあれば、馬鹿げたもの、たとえばオートバイ便のライダーとして働きながら、一日中イヤホンをして英語を聞き流す、というようなこともやりました。

馬鹿げた学習法を試すのは私だけで十分です。

本書では、TOEICスコアアップに効果的な学習法だけを紹介します。

600というスコアは、高い壁ではありません。すみやかに勉強をスタートすれば、あっさり突破できる壁です。本書が、学習をスタートするキッカケとなれば幸いです。

土屋雅稔

contents

まえがき……………………………………………………………… 2
本書の使い方………………………………………………………… 14

Chapter1 スコアが上がる意識改革　17

1. なぜ勉強法が必要なのか？……………………………………18
2. 試験と自分を知る………………………………………………20
3. スコアアップの3原則…………………………………………22
4. 今すぐ試験に申し込む…………………………………………24
5. TOEICを難しく考えすぎない…………………………………26
6. スコアアップ後の自分を想像してワクワクする……………28
7. 今できることを優先する………………………………………30
8. 好きな分野で稼ぎ、苦手分野を補う…………………………32
9. 計画は短期上達をイメージして………………………………34
10. 長期的な視点も、一部で大切…………………………………36
11. 積読…いいじゃないですか!?…………………………………38
12. 一度にまとめて勉強 vs. 毎日コツコツ………………………40
13. 続けることを意識しすぎない…………………………………42
14. 忙しくても「ながら勉強」……………………………………44
15. スランプの脱し方………………………………………………46
16. やさしいところから積み上げる………………………………48

- **17** 中学英語でごちゃごちゃ頭を整理 ……………………… 50
- **18** すべての問題で役立つのが中学文法 ……………………… 52
- **19** 限られた時間のなかで、何を優先して単語を覚える？ ……… 54
- **20** 単語の覚え方には相性がある ……………………………… 56
- **21** 例文型の単語集で覚える …………………………………… 58
- **22** 語源型の単語集で覚える …………………………………… 60
- **23** 分野別の単語集で覚える …………………………………… 62
- **24** TOEIC特化型の単語集で覚える …………………………… 64
- **25** 速くイイカゲンに読む技術 ………………………………… 66
- **26** 単語に対する反応がするどくなる！ ……………………… 68
- **27** 文に対する反応もするどく！ ……………………………… 70
- **28** 私は中学の教科書を20冊くらい購入して目を走らせました … 72
- **29** 村上春樹のペーパーバックで、返り読み禁止令 ………… 74
- **30** 発音の基本をかじっておくと、あとが超ラク …………… 76
- **31** リスニングは、精聴と多聴の両方が必要 ………………… 78
- **32** 精聴には公式問題集が便利 ………………………………… 80
- **33** 精聴はスクリプトを暗記して2倍速音声を聞く ………… 82

Chapter2 スコアが上がる勉強法　　　85

1. 最初に私がやったこと ……………………………………… 86
2. 最初にあなたがやること …………………………………… 88
3. 1カ月目　400レベルの文法 ……………………………… 90
4. 1カ月目　400レベルの単語 ……………………………… 92
5. 1カ月目　400レベルのリーディング …………………… 94
6. 1カ月目　400レベルのリスニング ……………………… 96
7. 2カ月目　500レベルの文法 ……………………………… 98
8. 2カ月目　500レベルの単語 ………………………………100
9. 2カ月目　500レベルのリーディング ……………………102
10. 2カ月目　500レベルのリスニング ………………………104
11. 3カ月目　600レベルの文法 ………………………………106
12. 3カ月目　600レベルの単語 ………………………………108
13. 3カ月目　600レベルのリーディング ……………………110
14. 3カ月目　600レベルのリスニング ………………………112
15. テスト1週間前はこれをやる ………………………………114
16. テスト前日はこれをやる ……………………………………116
17. テスト当日の朝はこれをやる ………………………………118

Chapter3 スコアが上がる解き方　　121

1. パート1は聞こえたところに意識を集中 ……………… 122
2. 聞こえることを前提とした解説は気にしない ……… 126
3. パート2は出だしに集中 ……………………………… 130
4. パート2は英会話のテキストでトレーニング ……… 134
5. パート3は設問先読みテクニック …………………… 138
6. ディレクションの聞き方 ……………………………… 144
7. パート4は速読力が前提 ……………………………… 146
8. 耳を鍛えるならパート3、4が効率的 ……………… 152
9. パート5には時間をかけすぎない …………………… 154
10. パート5は中学文法をまずマスター ………………… 156
11. パート6の着手時間を 14:00 に決めておく ………… 158
12. パート7はイイカゲンに速く読む力を使う ………… 164

◎ 巻末付録

　　時間捻出シート ………………………………………… 174

　　週間スケジュール表 …………………………………… 176

　　月間計画表 ……………………………………………… 178

本書の使い方

本書の Chapter1 と Chapter2 は、項目ごとに見開き完結でレイアウトされていて、シンプルで読みやすくなっています。Chapter3 は TOEIC 実戦問題に触れながら、解き方をマスターできます。

STEP1 見出しから気になるテーマをチェックしよう！

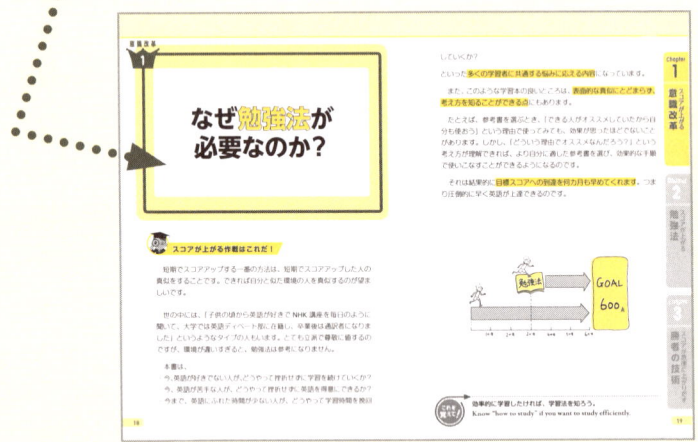

STEP2 問題が付いている項目は解きながら得点力アップのコツを学ぼう！

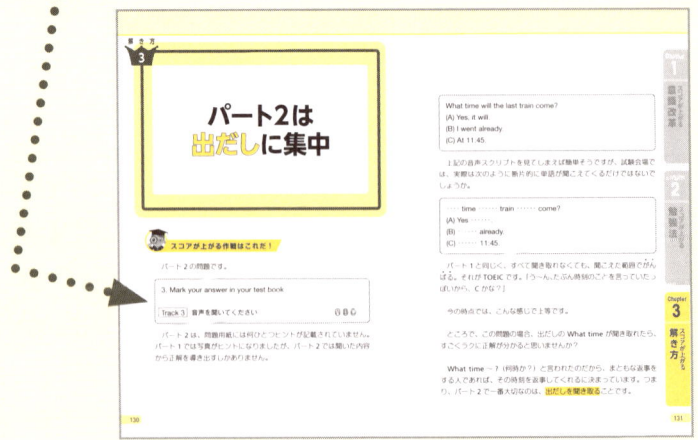

STEP3 巻末のスケジュール表を使って、実際に勉強計画を立ててみよう！

 ## 音声ダウンロードのしかた

①パソコン、タブレット端末、スマートフォンからインターネットで専用サイトにアクセスします。

Jリサーチ出版のホームページにある『TOEIC TEST英語勉強法TARGET600』のコーナーからアクセスしていただくか、次のURLを入力してください。

http://www.jresearch.co.jp/isbn978-4-86392-245-7/

②【音声ダウンロード】という表示のあるアイコンをクリックしてください。

③ファイルを選択すると、ダウンロードを開始します。

④ファイルの解凍、再生
音声ファイルは「ZIP形式」に圧縮された形でダウンロードされます。圧縮を解凍し、デジタルオーディオ機器でご利用ください。

【ご注意！】
音声ファイルの形式は「MP3」です。再生にはMP3ファイルを再生できる機器が必要です。ご使用の機器等に関するご質問は、使用機器のメーカーにお願いいたします。また、本サービスは予告なく終了されることがあります。

Start

Chapter 1
スコアが上がる意識改革

意識改革 1

なぜ勉強法が必要なのか？

スコアが上がる作戦はこれだ！

　短期でスコアアップする一番の方法は、短期でスコアアップした人の真似をすることです。できれば自分と似た環境の人を真似するのが望ましいです。

　世の中には、「子供の頃から英語が好きでNHK講座を毎日のように聞いて、大学では英語ディベート部に在籍し、卒業後は通訳者になりました」というようなタイプの人もいます。とても立派で尊敬に値するのですが、環境が違いすぎると、勉強法は参考になりません。

　本書は、
・今、英語が好きでない人が、どうやって挫折せずに学習を続けていくか？
・今、英語が苦手な人が、どうやって挫折せずに英語を得意にできるか？
・今まで、英語にふれた時間が少ない人が、どうやって学習時間を挽回

していくか?

といった多くの学習者に共通する悩みに応える内容になっています。

　また、このような学習本の良いところは、表面的な真似にとどまらず、考え方を知ることができる点にもあります。

　たとえば、参考書を選ぶとき、「できる人がオススメしていたから自分も使おう」という理由で使ってみても、効果が思ったほどでないことがあります。しかし、「どういう理由でオススメなんだろう?」という考え方が理解できれば、より自分に適した参考書を選び、効果的な手順で使いこなすことができるようになるのです。

　それは結果的に目標スコアへの到達を何カ月も早めてくれます。つまり圧倒的に早く英語が上達できるのです。

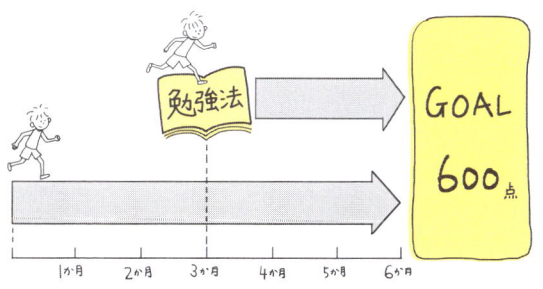

効率的に勉強したければ、勉強法を知ろう。
Know "how to study" if you want to study efficiently.

意識改革 2

試験と自分を知る

 スコアが上がる作戦はこれだ！

よく使われる格言で、「敵を知り、己を知れば・・・」というのがあります。

①敵（試験）を知る

パート 1 の問題数は 10 問あります。対して、パート 2 は 30 問あります。問題ごとの配点は同じですから、パート 1 より パート 2 で点を稼ぐ力を伸ばしておくのが「得策」というものです。

また、パート 7 は他パートと比較してもダントツ 1 位の 48 問です。パート 5 や 6 で時間を使いすぎるとパート 7 を解く時間がなくなることも、あらかじめ知って対策を立てるといいでしょう。

さらに、全問マークシートですから、正しいスペリングを書くことに勉強時間を割く必要もありません。

※各パートの問題数

TOEIC TEST		
	総問題数	200問
	総時間数	120分
リスニング		
パート1	写真描写問題	10問
パート2	応答問題	30問
パート3	会話問題	30問
パート4	説明文問題	30問
100問　45分		
リーディング		
パート5	短文空所補充問題	40問
パート6	長文空所補充問題	12問
パート7	読解 (Single passages)	28問
	読解 (Double passages)	20問
100問　75分		

②己（自分）を知る

　己の英語力を知るのは簡単です。「私は英語が苦手」。これで十分。単語も文法も発音も弱点だらけなのが分かっていますから、弱点発見テストのようなものは受けるまでもありません。

　それより大切なのは、自分の時間の使い方を知ることです。たとえば、

・どこかで時間を無駄にしていないか？
・スマホで遊びすぎていないか？
・どこかでスキマ時間を作れないか？

といった分析です。巻末の時間捻出シートも利用してください。

時間の過ごし方を見直してみよう。
Check how you spend your time.

意識改革 3

スコアアップの 3原則

 スコアが上がる作戦はこれだ！

まず、スコアアップに欠かせない3つの原則からお話しましょう。

この3原則を実行して上達しないことはありえません。逆に実行しないで他の勉強法を試してみても、あまり効果はないでしょう。

その3つというのは、
・すぐにスタートする
・続ける
・やさしいところから始める（基本に戻る）

です。

「なーんだ、そんな当たり前のこと！」と思うかもしれません。し

かし残念なことに、「そんな当たり前のこと」を実行する人が、非常に少ないのです。

　これは冷静に考えてみると、信じられないくらいオイシイ話だと思いませんか？　特別なことをしなくても、当たり前のことをやれば、スコアが確実にアップするというのですから。にもかかわらず、多くの人がやらないというのですから。

　誰でも実行できる確実な方法があるのに、多くの人が「やらない」……

　逆にいえば、あなたが実行すれば、あなただけ特別な人になれる可能性があるのです。特別に目立ってしまうくらい、短期でスコアアップできる可能性があるのです。

　次ページから、この3つについてお話していきます。特別に目立ってしまうくらい、短期でスコアアップしていきましょう。

当たり前のことを当たり前のようにやろう。
Do ordinary things in an ordinary way.

意識改革 4

すぐスタートするコツ①
今すぐ試験に申し込む

 スコアが上がる作戦はこれだ！

「TOEICは、もっと勉強して実力がついてから受験しよう」という人がいますが、短期のスコアアップを目指すのであれば、今すぐ申し込んでしまうことをオススメします。

私は学習スタート時に、中学文法の問題集をまとめて購入すると同時に、TOEICに申し込みました。申し込んでしまえば、あとは勉強するだけです。実際、雑念が消えて、勉強に集中できた覚えがあります。

その後も、継続的に何回も受験することをオススメします。

次のようなメリットがあります。

①試験日に向けて、学習のモチベーションが高まる
②自分の現在の実力がわかる
③試験に慣れることができる
④本番で一生懸命、英語に取り組むことで、自分の能力の壁を一つ破れる

①から③のメリットは、誰でも想像しやすいと思います。意外と気づきにくいのが、④のメリット「本番に勝る練習なし」です。

ふつうに独学していると、いくら集中しているつもりでも、いろいろな雑念が生じます。つまり他のことを考えてしまって集中力が途切れてしまうのです。これでは自分の壁を破るのは難しいのです。

でも本番の試験会場では、リスニングにしても、リーディングにしても、一生懸命になります。100パーセント、集中している状況です。この英語に対する集中力が、己の能力の壁を破るきっかけになるのです。

スコアを伸ばすためのスタートラインは、TOEIC の申し込みと、教材の購入です。

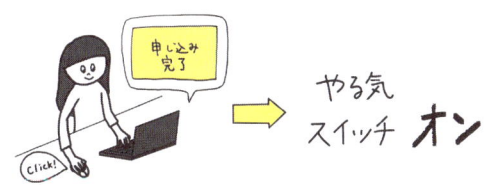

今すぐ TOEIC に申し込もう。
Apply for the TOEIC right now.

意識改革 5

すぐにスタートするコツ②
TOEICを難しく考えすぎない

 スコアが上がる作戦はこれだ！

「TOEIC＝ビジネス英語」と思い込んでいる人は多いです。そのため、

「英字新聞を読めるようにならないといけない」
「ビジネスで使われる難しい単語を覚えなくてはいけない」

と、こんなふうに考えていたら、学習を始めようとするだけで、気が重くなりますね。

果たして、実態はどうなのでしょうか？

TOEICの公式問題集をめくると、和訳のところに、

「悪天候で飛行機が遅れる」
「スーパーの安売り」
「歯医者の予約変更」
「アパートの水漏れ」

とあります。本番で出題される話題も、実はこのような日常的なものが多くを占めるのです。

単語にしても、TOEIC に何度も出てくるようなものは、次のような日常の目に見えるモノが多いんです。

椅子	chair
机	desk
家具類	furniture（数えない名詞）
エアコン	air conditioner
蛇口	faucet, tap
水道業者	plumber（発音はプラマー）
交差点	crossroad, intersection, junction

「日常生活にも役に立ちそうだな」と思いませんか？

そう思えれば、TOEIC の勉強もヤル気が出ますし、何を勉強すればいいかも分かりますね。日常的な基本的な英語、つまり中学英語や高校英語から勉強していけばいいのです。

TOEIC の単語は、日常生活の単語。
Words for the TOEIC are words for everyday life.

意識改革 6

すぐスタートするコツ③
スコアアップ後の自分を想像してワクワクする

 スコアが上がる作戦はこれだ！

スタートが早い人は、スコアが上がったときの気持ちよさを、勉強に取り組んでいるときから想像しています。

「気持ちよさを想像する → 早く味わいたい → 早く勉強をスタートする → スコアアップが速い → ますますヤル気が出てくる」

こういう好循環が生まれます。

イメージはささやかなものから野望のようなものまで、なんでも構いません。大事なのは自分がワクワクするかどうかです。

たとえば、

- スコアアップしたら、給料が増える。
- 給料が増えたら、美味しいモノを食べられる。
- キレイな服も買える。
- 海外旅行を、より楽しめるようになる。
- 洋書を、原書で読める。
- 外国人の恋人を作る！
- シリコンバレーで起業する！

といった具合です。

対照的に、スタートが遅い人は、「しなくてはいけないこと」ばかり考えます。

「単語を覚えてなくはいけない……」「文法も覚えなくてはいけない」「遊んでいる時間があったら勉強しなくてはいけない……」

これではヤル気は出ませんね。

「ヤル気が出ない → 勉強しない → 上達しない → ますますヤル気が出ない」

という悪循環になりがちです。

このように、気持ちの小さな違いが、大きな結果の違いになることがあるのです。

「美味しいものを食べられる」のようなささやかなことでも構いませんので、スコアアップしてワクワクすることを想像するのが、勉強をスタートするコツです。

目標を達成したときに感じる喜びとワクワクを想像しよう。
Imagine the pleasure and excitement you will feel when you have achieved your goal.

意識改革 7

すぐスタートするコツ④
今できることを優先する

 スコアが上がる作戦はこれだ！

　世の中には、学習法についての「〜すべき」という理想論があふれています。

「単語は例文で覚えるべき」
「例文はすべて音読するべき」
「音読は○○回以上繰り返すべき」
「英英辞典を使うべき」
「毎日勉強するべき」
「問題集は、必ず解いてから答えを見るべき」
「音声教材は、必ず先に聞いてから、スクリプトを確認するべき」
など……

　理想論には、それなりの理由があるのでしょう。でも、理想論にと

らわれると、学習が重く感じられて、スタートが遅くなることがあります。学習は本来、自由ですから、理想論にとらわれる必要はないんです。

最近はネット時代で情報過多になったせいでしょうか、「〜べき」にとらわれている人が、増えているように思えます。

たとえば、マニュアル化された手順を絶対視したり、それにすがる人もいます。

「問題は、パート○○から解くべき」
「問題は、選択肢を先に読むべき」
など

どうでもいいようなことを論じるのが好きな人もいます。

「試験前日は早めに寝るべき」
「試験前日はギリギリまで勉強すべき」
など

挙げていけばキリがありません。

もし、あなたがさまざまな「〜べき」にとらわれて、そのせいでスタートが遅れているのであれば、そういう「〜べき」こそ「捨てるべき」だと思います。フットワークを軽くして、現実に今できることで楽しそうなことからスタートしましょう。

理想主義ではなく現実主義で。
Be practical, not idealistic.

意識改革 8

すぐにスタートするコツ⑤
好きな分野で稼ぎ、苦手分野を補う

 スコアが上がる作戦はこれだ！

　好きな分野や得意な分野を優先するのもコツです。「英語が苦手な自分に、好きな分野も得意な分野もあるわけないでしょ！」と思う人もいるかもしれませんが、その場合は、あまり苦にならない分野を優先すればいいでしょう。

　「自分はもともと読書が好きだから、リーディングの練習だったら、苦にならない」

　「自分は英語の音が好きだから、リスニングの練習なら、苦にならない」

　「リーディングは目が疲れるけど、リスニングなら目が疲れないから好き」

「できればネイティブのように発音できたらカッコいいから、発音練習ならヤル気がわく」
など……

人によって、好みはさまざまです。スコアアップのルートは一つだけではありませんから、自分にとって楽な分野を優先してください。

TOEIC 満点を目指す！というのであれば苦手分野も放置できませんが、まず目標 600 点という人は、得意分野を伸ばすほうが目標の到達を早く実現できます。

たとえば、リスニングが苦手でスコアが 200 点だとしても、リーディングで 400 点を稼げば、合計で 600 点に届きます。

実際は、リーディングで 400 点を目指して単語・文法・速読をきたえていれば、350 点くらいの力がついてきた段階で、リスニングのほうも引きずられるように 250 点くらいにアップし、計 600 点になることがよくあるんです。英語は各分野が相互に関連しているので、一方を伸ばせば、他方も伸びていきます。

繰り返しになりますが、スコアアップのルートは一つではありません。好きな分野を優先したほうが、スタートしやすいし、続けやすいのです。結果として、スコアアップも早くなります。

短所よりも長所を伸ばそう。
Improve your strong points rather than your weak points.

意識改革 9

すぐにスタートするコツ⑥
計画は短期上達をイメージして

 スコアが上がる作戦はこれだ！

　本書を手にしている皆さんは、TOEICテストに対してヤル気のある方々のはずです。であれば、そのヤル気に火をつけたまま、一気にスコアアップの道を駆け上がりましょう。

　短期でスコアアップしようと考えていれば、誰でも集中して勉強に取り組みます。1日に勉強をこなす量も増えることでしょう。

　問題集にせよ単語集にせよ、早く終わらせるつもりでやってみれば、最初に想像していたよりも早く終わるものです。1カ月かかると思っていたものが1週間で終わるなんてことも、ごく普通にありえます。

　そしてこれは、非常に気持ち良いものです。

ちょっと目を閉じて、想像してみませんか？　1週間かかると思っていたものが1日でできてしまうところ。1年かかると思っていたことが3〜4カ月でできてしまうところ。

　快感ですよね？

　その快感を早く味わうためにも、600点という目標を一気に駆け抜けましょう。

短期上達を目指そう。
Try to improve in a short period of time.

意識改革 10

続けるコツ①
長期的な視点も、一部で大切

スコアが上がる作戦はこれだ！

短期上達のイメージとともに、長期的な視点も大切です。

もし、あなたが、1年後にはTIMEなどの雑誌を読めるようになっていたい、とします。

それなら少なく見積もっても、1万2000語くらいの単語は覚えておく必要があります。

すると、毎月1000語ずつ増やしていく必要があります。

しかし、こういう努力は、TOEICの目先のスコアアップだけに気を取られていると、なかなか実現しにくいのです。

というのも、TOEICの語彙は比較的やさしいので、スコアアップだけが目的でしたら、高度な語彙は必要ないからです。3000語くらい

覚えるだけでも、600点の可能性は出てきますし、6000語くらい覚えてしまえば、900点の可能性も出てきます。

　TOEIC用の単語集はTOEICのスコアアップが目的であって、雑誌や新聞を読めるようになることは目的としていません。ですから、たとえTOEIC用の単語集を覚えきったとしても、雑誌や新聞を読むには、まだまだ語彙が不足してしまいます。

　そして、目先のスコアアップを目指して"○ヵ月でスコア○○"のようなアプローチの単語集で学習する人は、最小限の労力で済まそうとする傾向があるため、その単語集を期間内に覚えられないことが多いのです。

　覚えきったとしても実際は語彙が不足するのに、覚えきれないことが多いのですから、慢性的に語彙が不足してしまいます。

　しかし、1年後にTIMEを読めるようになっていたい、という長期的な視野を大切にしていれば、TOEIC600レベルの単語集は通過点に過ぎませんから、容易に全部覚えてしまえるわけです。

　単語のほか、これは文法、リスニング、リーディングをはじめ、ライティング、スピーキングといった英語学習のあらゆる分野にも当てはまることです。

　長期的な視野を大切にして、短期目標は到達ではなく通過・突破するイメージで学習していきましょう。

短期目標と長期目標の両方とも大事。
Short and long-term goals are both important.

意識改革 11

続けるコツ②
積読…いいじゃないですか!?

スコアが上がる作戦はこれだ！

教材を購入するんだけど、手つかずのまま、山積みになっていく……

よくある話ですね。

それで自己嫌悪になる人もいるようですが、たいした問題ではありません。英語学習は、禁煙やダイエットと同じように、三日坊主になりやすい代表です。ある意味で当たり前のことですから、もっと気を楽にしましょう。

こんなことを書いている私自身も、最初から最後までやり通した教材は、たぶん 10 冊に 1 冊もないと思います。そんなもんだと割り切っています。落ち込むことはありません。

本当に要注意なのは、「お金はかけるけど勉強しない人」ではなく、「お金もかけないし勉強もしない人」です。

こういう人は、自宅でなんとなく「勉強でもしてみようかな」という気分になったとしても、その瞬間に手元に教材がないので、勉強をスタートできません。

対照的に、教材を購入する習慣のある人は、ふとヤル気がわいたときに手元に教材があります。すぐに勉強をスタートできます。これが大きいんですよね。

日常のさなか、ふと、「勉強でもしてみようかな」と思ったときは、貴重なチャンスなんです。教材を購入している人は、そのチャンスに備えができているわけです。自分を嫌うどころか、誇りにしていただきたいところです。

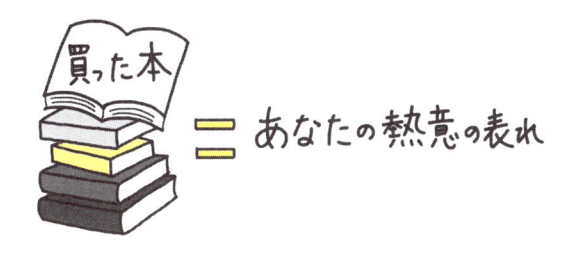

買った本 ＝ あなたの熱意の表れ

> **これを覚えて！**
> 読まない参考書があっても、自分を責めるのではなく、自分を褒めよう。
> Praise yourself, not blame yourself, for textbooks which you have not read.

意識改革 12

続けるコツ③
一度にまとめて勉強
VS.
毎日コツコツ

スコアが上がる作戦はこれだ！

「毎日10分でもいいから英語にふれよう」と思ったことありませんか？

でも三日坊主になって、「こんな簡単なことが出来ないなんて、なんて意志が弱いんだ……」と自己嫌悪になったことありませんか？

「はい」と答えた方、ちょっと待ってください！

「こんな簡単なこと」というのが錯覚で、毎日少しずつ英語にふれるというのは、実はとても難しいことなんです。

「よし、始めるぞ！」という決意が毎日必要になるからです。

エアコンもスイッチを入れたときに電気をたくさん消耗するといいますよね。勉強も、始めるときが一番エネルギーを使います。

ですから、「毎日10分でも勉強しよう」という計画は、本人は簡単な計画を立てたつもりでいても、実は難しい計画を立ててしまっているのです。

それよりは、「まとめて一度に勉強」してしまったほうが、はるかに容易です。「まとめて勉強するなんて、よほど意志が強くないと無理！」と思われやすいのですが、始めるときのエネルギーの消耗は一回だけですから、意外と、楽なんです。

そういうわけで、「毎日コツコツ」という正論は尊重しつつ、「まとめて一度に勉強する」という視点も取り入れてみると、勉強がスムーズに進みやすくなります。

週末にまとめて勉強するのもOK。
Studying a lot on weekends is OK.

意識改革 13

続けるコツ④
続けることを意識しすぎない

スコアが上がる作戦はこれだ！

ちょっと矛盾しているようですが、勉強を続けるコツは、続けることを意識しすぎないことです。

「5分ほど、英語の教材をパラパラと手にとってみようかな〜。飽きたらやめよう」

「少しだけ、英語を聞いてみようかな〜。飽きたらやめよう」

と、こんな感じで始めてみるのです。

ジョギングなどでも、「何キロ走ろう」と決めてからスタートしようとすると、それだけで疲れるし、スタートしにくいのではないでしょうか。

でも、「疲れたらやめよう」と思って気楽にスタートしてみると、気がついたら、かなりの時間、かなりの距離を走っていた、なんてことがよくあります。

それと同じで、勉強を続けるコツは、あまり「続けよう！」と意気ごまないで、気楽にスタートすることです。「嫌になったら、いつやめてもいい」という軽い気持ちでスタートしつつ、いったん学習をスタートしたら、少しでやめずに、そのまま続けてしまうのです。

自分で自分を、あやし、なだめすかせるイメージです。

「気がついたら、長い間、勉強していた」

こういう発見は、とても新鮮な驚きになるはずです。

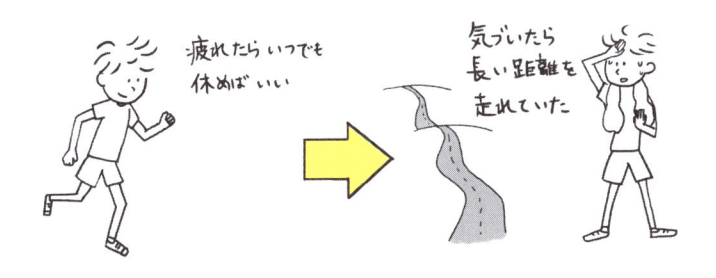

自然体で勉強しよう。
Study naturally.

意識改革 14

続けるコツ⑤
忙しくても「ながら勉強」

スコアが上がる作戦はこれだ！

朝から晩まで一日中、寝食を忘れて勉強に打ち込む！

これぞ学習の理想です。半年で TOEIC 満点が取れてしまうかもしれませんね。

が、もちろん、これは理想論です。現実的には、自分にできることを、できる範囲で始めていきましょう。

TOEIC の受験者は、忙しい社会人が圧倒的に多いです。通勤時間に英語を聞き流すだけで精いっぱいの人もいるでしょう。そういうときは、スキマ時間の「ながら勉強」だけでもスタートして、できる範囲で続けていきましょう。

できる範囲でできることを頑張っていれば、できる範囲が広がって、多くのことができるようになります。

　その一方で、「ながら勉強」は、集中した学習ほどは効果的でないので、期待しすぎないことも大事です。

　「忙しい中で自分は頑張っている！」という充実感があるため、「自分はスゴイ勉強している！」と錯覚してしまい、大幅なスコアアップを期待してしまう人がいます。そして実際に受験して、返ってきたスコアが前と変わり映えしないと、ショックを受けてしまう人がいるのです。

　バランスが大事ですね。

　「スキマ時間だけでも勉強するぞ！」という熱いハートと、「でも、実際の学習時間は少ないんだよな」という冷静な頭脳があれば、飛躍すること間違いなしです。

> **これを覚えて！**
> 小さいことでも、できることを続けよう。
> Keep on doing what little things you can.

意識改革 15

続けるコツ⑥
スランプの脱し方

スコアが上がる作戦はこれだ！

いまいちヤル気が出ないことがあったら、私は、勉強道具だけもって、海や公園などの見晴らしの良い場所に行って、一日中ボーっとするつもりで景色を眺めます。これでたいていうまく行きます。

というのも、ボーっとしているか、勉強するか、の二者択一しかありませんから、そのうちにボーっとするのに飽きてきて、勉強する気がわいてくるんです。

もし勉強する気がわいてこなくて、景色を眺めているだけで一日が終わってしまったとしても、「今日はきれいな海を見ることができて良い時間を過ごせたな〜」と思うことができます。

たとえ勉強しなかったとしても、充実感を味わえるんです。

勉強しなかったことで「時間をムダにした！」「自分は意志が弱い！」のようなネガティブな感情を持たずにすみます。

こういう工夫が、ささいなことのようでいて大切なんです。

春は桜の名所、秋はモミジの名所、冬はイチョウの名所、というように季節によって場所を変えるようにしていると、スランプどころか勉強が楽しくなりますよ。

海辺でボーっとするのにも飽き、勉強しだす筆者

気持ちよい場所に出かけて勉強しよう。
Go and study where you can feel refreshed.

意識改革 16

基本に戻る①
やさしいところから積み上げる

スコアが上がる作戦はこれだ！

　上達のコツは、基本に戻ることです。以下は、私が学習を開始したときの最初の3週間の内容ですが、文法、単語、リーディングのそれぞれで中学レベルに戻りました。中学レベルまで戻ってしまえば難しいことはありませんから、スイスイ学習が進みました。

> 1週　文法　**中学文法の薄い問題集**
> 　　　単語　なし
> 　　　リーディング　なし
> 　　　リスニング　バイク便で聞き流し
>
> 2週　文法　なし
> 　　　単語　**中学の単語集**
> 　　　リーディング　なし
> 　　　リスニング　バイク便で聞き流し

> 3週 文法　なし
> 　　　単語　なし
> 　　　リーディング　中学教科書
> 　　　リスニング　バイク便で聞き流し

　リスニングは、やや特殊です。学習開始時に、中学問題集の購入と、TOEICの申し込みと、バイク便のライダーを始めました。仕事をしながら一日中ウォークマンで英語を聞き流せることが目的でした。大人になるまで音読さえしたことがなかったため、そうでもしないと間に合わないと思ったからです。実際に始めてみると、風やエンジンの音で英語はかき消されてしまい、期待したほど効率的ではなく、今から思えば馬鹿げた勉強法でした……そのとき使っていたリスニング教材は、図書館で借りた書名も分からない英語物語のテープでした。

　今から思えば、ほとんど聞き取れないにせよ、『DUO3.0』(アイシーピー)のような例文型の単語集を繰り返し聞いておけば効率的だったと思い、読者の皆さんや生徒さんには勧めています。104ページの「500レベルのリスニング」や112ページの「600レベルのリスニング」で効果的なリスニング方法を解説します。

これを覚えて！
易しいことから始めよう。
Start with what is easy.

意識改革 17

基本に戻る②
中学英語でごちゃごちゃ頭を整理

スコアが上がる作戦はこれだ！

　私の学習のスタートは、100ページにも満たない薄い中学生用の問題集を10冊くらい購入することでした。

　中学英語には英語の基本がつまっています。もし基本に穴があれば、TOEICでは必ず失点につながるのです。

　一つ、パート5の問題を解いてみましょう。

> I met a girl (　　) played the piano very well.
> (A) whom
> (B) who
> (C) whose
> (D) what

　選択肢には関係代名詞が並んでいます。関係代名詞は代名詞の一種です。基礎である代名詞（she や he や they）の用法を知らなければ、当然、さらに複雑な関係代名詞も理解できません。　　※正解は (B)

　「基本が大事なのは分かるけど、中学文法までさかのぼって学習していたら時間がかかりすぎて、いつまでたっても TOEIC の対策に取りかかれないのでは？」と、疑問をもつ人もいるかもしれません。

　しかし、心配はいりません。たいして時間がかからないからです。

　中学文法の問題集は、とっても薄いのです。100 ページに満たないものも多く、小 1 時間あれば 1 冊終わらせることができます。そして、やればやるほど加速しますから、1 週間もあれば、たやすく 10 冊くらい完了します。

　基本がキレイに頭の中で整理されたら、それから高校の文法問題集や TOEIC 問題集に取り組みましょう。その手順なら、600 点を取るくらい、あっという間です。詳しくは Chapter 2 もお読みください。

基本に戻ろう。
Go back to the basics.

意識改革 18

基本に戻る③
すべての問題で役立つのが中学文法

スコアが上がる作戦はこれだ！

TOEICでは、パート5で文法の問題が出ます。

そのため、文法の学習というと、パート5対策だけを思い浮かべる人がいます。

しかし、文法は、文法問題だけにしか役立たないものではありません。長文読解問題にも、リスニングにも役立ちます。

当たり前のことですが、聞いて理解できるためには、まず、読んで理解できなくてはなりません。そして、読んで理解できるためには、文法が身についていなければなりません。

たとえば、次の英文を耳が完全にキャッチしたとしても、文法がア

ヤフヤだと、誤解してしまう可能性があります。

> He came home before it rained.

　雨が降ったのは彼が帰宅した前なのか後なのか、どちらでしょうか？

　最近の世の中の勉強法の流れとしては、「後ろから返り読みしてはダメで、前から順に意味をとらないとダメ」ということが強調されているようです。そのため、次のように間違えて解釈する人が増えています。

> He / came home / before / it rained.
> 彼　　帰宅した　　　前に　　雨が降った
>
> ×「彼が帰宅した前に雨が降った」

　でも、これは意味が逆です。正しくは、「彼は雨が降る前に帰宅した」です。

　before の使い方は、中学文法で習います。

　文法が好きでない人は多いようですが、味方にすれば、これほど心強い味方はありません。文法問題だけでなく、読解問題にもリスニングにも役立つのですから、嫌がらずに勉強していきましょう。

これを覚えて！

文法は、無用の知識ではなく、リーディングにもリスニングにも役立つ道具。
Grammar is not useless knowledge but a useful tool for reading and listening.

意識改革 19

限られた時間のなかで、何を優先して単語を覚える？

スコアが上がる作戦はこれだ！

単語を覚えるときは「意味」を優先して覚えましょう。

意味のほかに、品詞、例文、可算／不可算、同義語、反意語、コロケーション、ニュアンス、使い分け、語源、なども覚えられれば理想ですが、それは無理です。

私たちの時間は限られていますから、取捨選択が大事になります。すると、一番大事なものから覚えるのが当然ですよね？

私は、勉強をスタートしたときから、意味が一番大事だと思っていたので、意味を最優先して覚えました。他の大事なこと、たとえば品詞や発音などは、意味を覚えたあと余裕が出てきてから覚えていきました。

ただ、こういう考え方は、(信じられないことに !?) 少数派のようです。

というのも、

例文を覚えなければいけない
可算／不可算を覚えなければいけない
同義語を覚えなければいけない
反意語を覚えなければいけない
コロケーションを覚えなければいけない
ニュアンスを覚えなければいけない
語源を覚えなければいけない
使い分けを覚えなければいけない
etc...

のような考えの人がたくさんいるからです。

例文が一番大事だ！と思っている人は、例文を覚えればいいでしょうし、ニュアンスや同義語や反意語が大事だ！と思っている人は、それらを覚えればいいでしょう。

でも、みなさんは、意味を最優先して覚えていくのがいいでしょう。時間は限られている、ということを忘れないでください。

意味 ＞ 例文　同義語　可算／不可算　反義語　ニュアンス

これを覚えて！

最優先事項は、単語の意味。
The first priority is the meaning of a word.

意識改革 20

単語の覚え方には相性がある

スコアが上がる作戦はこれだ！

単語の覚え方は、相性(あいしょう)があります。

単語集と相性がいい人もいれば、実際の問題集や参考書に出てきた単語を覚えるのが相性がいいという人もいます。

口に出して覚える人もいれば、聞いて覚える人もいるし、じっと見て覚える人もいます。

いろいろ試してみて、自分に合った方法を見つけましょう。

私の場合は、単語集を使いました。文法や読解の問題集に出てきた単語を覚えようとすると、単語を覚えようとしているのか、文法や読解をやろうとしているのか、どっちつかずになりがちだからです。

難易度は、中学生レベルの単語集から始めました。やさしいことからスタートしたほうがスピードがつきますし、土台となる基本的な単語を覚えていなかったら、『TOEIC頻出単語○○語』のようなものを覚えても、頭が整理されないからです。

==覚え方は、二段構えです。==

　第一段階は、機械的に覚えられるものは機械的に覚えてしまいます。たとえば「ability 能力」「ability 能力」と繰り返し音読または黙読してみます。このようにして機械的に覚えられるのであれば、そのほうが早いからです。

　第二段階として、機械的に覚えられない相性の悪い単語があれば、語源を利用したり、例文を利用したり、音源を利用したり、いろいろと工夫して、覚えました。

　たとえば「ability 能力」が機械的に覚えにくい場合は、「～できる」という意味の "be able to ～" の able と ability の形が似ていることに気づけば覚えやすくなります。

　次のページから、いろいろな覚え方を紹介しますので、いろいろ試して自分に合った方法を見つけてください。

> **これを覚えて！**
> いろいろな方法を試してみよう。
> Try a variety of ways.

意識改革 21

例文型の単語集で覚える

スコアが上がる作戦はこれだ！

　単語の覚え方の主流は、時代によって変化します。今、主流となっている覚え方は、例文を利用した単語集で覚えるものでしょう。それも、1つの例文で1つの単語を覚えるのではなく、複数の単語を覚えてしまうものです。

　例文型の単語集は、CDが用意されているものであれば、単語を覚えるだけでなく、リスニングの訓練を兼ねることもできますので、勉強をスタートしたばかりの人にとっては、便利な単語集です。

　有名なのが、『DUO 3.0』（アイシーピー）です。大ベストセラーですから、知っている人も多いでしょう。

　『DUO 3.0』は巻頭に、「TOEIC 760 レベルまで対応できる」という

主旨の説明があります。600点を通過点として目指している人であれば、覚えてしまいたいレベルです。

600点を通過点ではなく到達点として目指している人で、『DUO 3.0』が難しく感じられる場合は、ワンランクやさしい『DUO セレクト』を使うといいでしょう。

例文型の単語集で注意したいのは、例文を理解するのが難しい場合があるということ。初心者の場合、そもそも文中のすべての単語の意味が分かっていてさえ、文の意味が理解できないことが多々あります。

まして、単語集では、知らない単語が文中にいくつか含まれているのが普通ですから、なおさら理解しにくいことがあります。

==とりあえず使ってみて、相性が合えばそのまま使い、合わなかったら無理することなく他の方法を探す。== そうやって自分に合うベストな覚え方を早い段階で見つけてください。

DUO 3.0
(アイシーピー)

DUO セレクト
(アイシーピー)

これを覚えて！
みんなが使ってる単語集を使ってみる。
Use a word book which everyone uses.

意識改革 22

語源型の単語集で覚える

スコアが上がる作戦はこれだ！

　interesting「面白い」という単語に、un がついた、uninteresting という単語があります。un というのは、否定の意味があるので、uninteresting は「面白くない」という意味になります。

　そうすると、unfair は、fair が「公平な」だから、unfair「不公平な」となりますね。

　このように、単語をパーツに分けて覚えやすくしてある単語集もあります。一般的には、「語源で覚えるタイプ」と分類される単語集です。

　次の単語はどうでしょう？

uniform
unicycle
unique

簡単だったでしょうか？

uni には、「1」という意味があります。ユニフォームは「画一的な服」ですし、unicycle は「一輪車」ですし、unique は、「ただ一つ」という意味ですね。

このようなことを気づかせてくれるのが語源で覚えるタイプの単語集です。

「un に否定の意味がある」ということくらい、普通に学習していれば気づくことかもしれませんが、「uni に 1 という意味がある」ということは、やや気づきにくいことでしょう。英語には、他にもさまざまな語源があります。

語源で覚えるタイプの単語集は、今まで語源を意識したことのない人にとっては、目からウロコのように感じるはずです。一度は試してみるといいでしょう。

注意したいのは、語源の説明が強引だったり、単語の難易度が高かったりと、やや無理している単語集があることです。でも、これはメリットに比べれば小さなことです。

語源を知ると、覚えやすくなる。
If you know the origin of a word, it becomes easier to memorize.

意識改革 23

分野別の単語集で覚える

スコアが上がる作戦はこれだ！

分野別の単語集というのは、その名のとおり、分野ごとに関連する単語をまとめた単語集です。

●花
magnolia　モクレン
tulip　　　チューリップ
hydrangea　アジサイ
ginkgo　　イチョウ
●人体
heart　心臓
lung　　肺
kidney　腎臓
liver　　肝臓

```
●オフィス機器
  air conditioner    エアコン
  fax machine        ファックス
  copy machine       コピー
  projector          プロジェクター
```

という具合です。

ある分野をまとめて一網打尽に覚えるのに便利ですね。

TOEIC のスコアアップということを考えると、難しい株式やら証券やらの専門単語まで覚える必要はありませんが、一般的なオフィスやビジネス関係の単語は覚えておくといいでしょう。

もし、TOEIC スコアを 600 までアップさせることだけが目標でしたら、広い分野の単語を覚える必要はありませんが、TOEIC に限らず英語力を総合的に伸ばしたいということでしたら、TOEIC に出そう・出なさそうに関係なく、自分の関心のある分野の単語を積極的に覚えていくといいでしょう。

注意する点として、「単語集 1 冊すべて覚えよう」などと思わないことです。一般に、分野別の単語集はレベルが高いものが多いので、欲張って関心のない分野まで覚えようとすると挫折しやすくなります。関心のある分野を覚えるだけでも、かなりの単語力がつきます。

> **これを覚えて！**
> あるテーマに関心があれば、そのテーマの単語は覚えやすい。
> If you are interested in a theme, words of the theme are easy to memorize.

意識改革 24

TOEIC特化型の単語集で覚える

スコアが上がる作戦はこれだ！

　ある程度、基本的な単語を覚えた後であれば、TOEIC に特化した単語集も効果的です。特に、「自分は TOEIC 形式だと燃える！」という人は、積極的に使ってみてください。

　中でも、『TOEIC TEST 英単語スピードマスター』（Ｊリサーチ出版）がオススメです。内容が**完全に TOEIC に特化**されているため使いやすく、いまでは超ロングセラーとして案内されていますから、どこの書店でも見つかるでしょう。

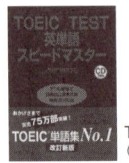

TOEIC TEST 英単語 スピードマスター
(Ｊリサーチ出版)

注意したいのは、中学レベルのやさしい単語を覚えていない段階で、『TOEIC 頻出単語〇〇語』のようなものを使う人が多いことです。それだと頭が整理されません。

　54ページからいろいろな単語の覚え方を紹介してきましたので再度まとめておきますと、単語集は、「これ一冊！」と決めるのではなく、さまざまなタイプを併用するのがコツです。いろいろな切り口から単語を覚えようとすることによって、記憶に定着しやすくなるし、頭の中に単語のネットワークが構築されやすくなります。

　たとえば、uniform という単語を見たときに、

　語源型の単語集のおかげで、unicycle, unique, conform, deform など共通の語根をもつ単語を連想し、

　テーマ別の単語集のおかげで、cloth, clothing, dress, jacket など衣料関係の単語を連想し、

　例文型の単語集のおかげで、"The pilot looked grand in his uniform." のような例文を連想しやすくなります。

　こうなれば簡単には忘れません。

　さまざまな単語集に頼ってみるのも、英語上達のコツです。

これを覚えて！ 頭の中に単語のネットワークを構築しよう。
Build a network of words in your mind.

意識改革 25

速くイイカゲンに読む技術

スコアが上がる作戦はこれだ！

ポイント①

スコアアップの近道は、「速くイイカゲンに」読むことを覚えることです。

TOEICでは、短時間に大量の英文を読んで、適切な選択肢を選ぶのですが、選択肢は、意味が大幅に異なります。ということは、さほど正確に読めなくても速く読めれば正解できることが多い、ということになります。

ポイント②

速く読むためには、英語を英語のまま理解することが必要です。直読直解ともいいますね。「難しそう」と思う人もいるかもしれませんが、原理的には、誰でもやっている簡単なことなんです。

たとえば、I love you. という英語を見たとき、英語を英語のまま理解しているはずです。「私はあなたを愛します」と日本語に訳さないと理解できないという人はいないでしょう。

ポイント③
同じことを、TOEIC でもできるようにすればいいのです。

800 〜 900 くらいのスコアの人でも、時間切れになることがあるのが TOEIC です。だからこそ、直読直解によって、大量の英語をイイカゲンでも速く読めるようになると、ごぼう抜きで短期のスコアアップが可能になるのです。

直読直解は、トレーニングも単純です。

理解度は低くて構わないので、日本語に訳さずに、英文を左から右へ、視線を高速で動かす。

これだけです。

目を左から右へ素早く動かそう。
Move your eyes quickly from left to right.

意識改革 26

単語に対する反応がするどくなる!

スコアが上がる作戦はこれだ!

ところで、「理解度が低いまま高速で目を動かすだけでいい」と言われても、「普通に読むことさえできないのに、速く読むなんてできるわけがないのでは?」と疑問に思う人はいませんか?

もっともな疑問です。

もちろん、正確な読解力はつきません。

ただし、今、身につけようとしているのは、「速くイイカゲンに読む」能力です。

文は単語で構成されていますから、速く読むためには、単語に速く反応できると有利です。この反応能力は、英文に高速で目を走らせることで高めることができます。

次の英文記事で試してみましょう。文の意味は考えないでいいですから、1行につき2秒くらいで、文章の終わりまで、左から右へ視線

を走らせてみてください。約 10 行ありますから、20 秒が目安です。

Okazaki scores first Leicester goal

Birmingham England KYODO
Japan international striker Shinji Okazaki opened his account with Premier League club Leicester City on Saturday, netting the winner as the Foxes came from 2-0 down to beat second-tier Birmingham City 3-2 in a preseason friendly.

Leicester started brightly but two goals in the space of a minute midway through the second half, an unstoppable free kick from David Cotterill and a screamer from Demarai Gray, put Birmingham in the driver's seat.

2015 年 8 月 3 日付『Japan Times』より

どうでしたか？　ところどころ次のように、知ってる単語が視界に入ってきませんでしたか？

```
Japan    opened    club     Saturday    came
started  goals     space    minute      second
```

20 秒ほどで、少なくとも、10 個のやさしい単語が視界に入っては消えていったわけです。

知ってる単語を見れば、意味やイメージが脳裏にわきます。ですから、この作業を繰り返していると、単語に対する反応が速くなるんです。

20 秒で 10 個ですから、1 分で 30 個。10 分で 300 個。30 分で 900 個です。少ない時間で大量の知っている単語を目にすることになりますから、単語に対する反応がどんどん速くなります。文章の大意をすばやく推測するのも容易になってきます。

やさしい単語への反応を速くしよう。
Speed up your response to easy words.

意識改革 27

文に対する反応も するどく！

スコアが上がる作戦はこれだ！

目を高速で走らせていると、文に対する反応速度も強化できます。

TOEICにかぎらず、本や雑誌の文章は、ところどころ複雑な文もありますが、中学レベルの英文も多く含まれています。

このような中学レベルの英文は、目を高速で走らせていても、注意をひきます。先ほどの英文記事をもう一度見ましょう。

Okazaki scores first Leicester goal

Birmingham England KYODO
Japan international striker Shinji Okazaki opened his account with Premier League club Leicester City on Saturday, netting the winner as the Foxes came from 2-0 down to beat second-tier Birmingham City 3-2 in a preseason friendly.

Leicester started brightly but two goals in the space of a minute midway through the second half, an unstoppable free kick from David Cotterill and a screamer from Demarai Gray, put Birmingham in the driver's seat.

先頭の見出しに

Okazaki scores first Leicester goal

とありますね。

落ち着いて読んでみれば、「オカザキが最初の Leicester（レスター）のゴールを得点する」で、中学英語です。

中学レベルの英文は、ゆっくり読めば誰でも理解できます。ゆっくり読めば理解できる英文は、慣れてくれば、高速で視線を走らせても理解できるようになるのです。

つまり、理解度が低いままでも==気にしないで高速で目を動かしていると、簡単な英文に対する反応速度も高くなってくる==のです。

誤解しないで欲しいのは、今まで理解できなかった英文が読めるようになると言っているのではありません。

時間をかければ理解できた英文が、時間をかけなくても理解できるようになる、ということです。

このトレーニングは誤解されやすいので、実行する人は少数派です。ということは、平均から抜け出して短期でスコアアップできる可能性が高いということです。チャンスですよ！

これを覚えて！ やさしい文章への反応を速くしよう。
Speed up your response to easy sentences.

意識改革 28

私は中学の教科書を20冊くらい購入して目を走らせました

スコアが上がる作戦はこれだ！

　私が比較的、短期でスコアアップできたのは、66ページから説明してきた高速で目を走らせる練習のおかげだと思います。

　教材として最初に使ったのは、中学生用の学校の教科書です。教科書の出版社はいくつかありますから、1年生、2年生、3年生と、各学年用で合計して20冊くらい購入しました。

　意外と知られていないのですが、教科書は、学生でなくても購入できます。小さい規模の書店でも、カウンターで注文して取り寄せできます。しかも <u>1冊数百円と安価</u>です。

　これらの教科書を、理解度が低いまま、日本語の本と同じようなスピードで目を走らせていったわけです。

英文の内容を理解する必要がないので、楽といえば楽な学習法です。ですが、理解できないまま目を走らせ続けるというのは、退屈といえば退屈です。これが、この勉強法の弱点ですね。

　より一般的な速読のトレーニングとしては、対訳本を使うものがあります。英文を音読したら、その和訳を黙読し、もう一度その英文を音読するというサイクルです。英語を音読すれば、日本語に訳してしまう癖を取り除けるし、対訳を黙読すれば、理解できない英文に接する退屈さを避けることができます。

　デメリットとしては、

> 音読は、黙読より遅い。
> 音読は、疲れる。
> 音読は、黙読と違って、いつでもどこでも学習できない。
> 音読は、我流の発音が身についてしまうことがある。

といったことがあげられます。

　私は効率を優先して、黙読をしました。みなさんは両方とも試してみて、相性のいいほうを取り入れてみるとよいでしょう。

これを覚えて！
黙読のほうが音読より速い。
Reading silently is faster than reading aloud.

意識改革 29

村上春樹の ペーパーバックで、 返り読み禁止令

スコアが上がる作戦はこれだ！

　高速で目を走らせるトレーニングでは、中学の教科書のあとは、私はやさしめのペーパーバックを使いました。ラダーシリーズという語数制限のあるシリーズや、子供向けのペーパーバックを使って、理解度が低いまま、左から右へ目を走らせました。

　それで気づいたのは、必ずしも、やさしめのペーパーバックを使う必要がないことです。というのも、理解度が低いまま高速で目を走らせるわけですから、どっちにしろ、内容が分らなくなってしまうんです。

　それで、「どうせ分らないないんだったら、難しいものでも同じことだ」ということで、ふつうの大人向けの雑誌やペーパーバックや新聞などにも手を出すようになりました。

「分らないから、もっとやさしいもの」か、「分らないから、もっと低速」ではなく、「分からないから、もっと難しいもの」に進んだというのは、我ながら、変わっているかもしれません。

　学校の教科書のような簡単なものからスタートするのがオススメですが、そのあとは、背伸びして大丈夫です。

　村上春樹でもスティーブン・キングでも、Japan Times でも TIME でも National Geographic でも、自分が将来的に読めるようになりたいものがあれば、チャレンジしてみてください。

　「読んでも分かるわけない！」と思うかもしれません。

　そう、読んでも正確には分かりません。このトレーニングでは、それでいいんです。

　読んで正確に分かることではなく、イイカゲンに速く読むことが目的です。

> **これを覚えて！**
> 本の種類や理解の程度は問題ではない。大事なことは、目を速く動かすこと。
> It doesn't matter what books you read or how little you understand. The important thing is to move your eyes fast.

意識改革 30

発音の基本をかじっておくと、あとが超ラク

スコアが上がる作戦はこれだ！

TOEICにスピーキングはありません。ですから、発音はスコアアップに関係ないと思っている人もいるでしょう。

実際、発音がめちゃくちゃでもハイスコアを取る人はいます。私自身、900点に到達したときはめちゃくちゃな発音でしたし、私の教室の生徒さんを見ていても、900点オーバーしていながら、めちゃくちゃな発音の人はいます。

ですから、必要かどうかといえば、必ずしも必要ではありません。

ただし、有利かどうかといえば、発音ができたほうがスコアアップに有利です。

正確な発音を知っていたほうがリスニングで得点しやすいからです。たとえば、「許可する」という意味の allow という単語は、正しい発音は、カタカナで表すと、「アロウ」ではなくて「アラウ」です。もし「アロウ」と勘違いしていたら、聞き取るのは難しいでしょう。

　ですから、==大まかでもいいので、初期の段階で発音学習しておいたほうが効率的==です。発音記号は、おおよそ 50 個くらいですから、覚えるのも難しくありません。

　さしあたり、通読しやすそうな入門テキストを一冊、購入しておきましょう。

　発音は、上手な人にコーチしてもらうのが理想ですが、独習でも、以下の点に気をつければ上達できます。

> 大きな声を出すこと。
> 鏡を使って、自分の口の形や舌の位置を確認すること。
> ヴォイスレコーダーに録音して、自分の発音をチェックすること。

　昔の私のように発音が嫌いでなければ、どんどん練習して、どんどん上手になってください。

これを覚えて！
嫌いでなければ発音を学ぼう。
Learn pronunciation unless you dislike it.

意識改革 31

リスニングは、精聴と多聴の両方が必要

スコアが上がる作戦はこれだ！

リスニングは、いわゆる精聴と多聴の二本立てでトレーニングすると効率的です。

多聴というのは、その名のとおり、英語の音に多く接することです。通勤中、散歩中、レジでの待ち時間など、あらゆるスキマ時間に英語を聞き流しておくことです。

注意点としては、効果を期待しすぎると期待外れになることがありますので、なにも聞かないでいるよりは聞き流したほうがマシ、くらいの軽い気持ちで聞き流すのがコツです。

精聴は、自宅など集中できる環境で、英語を丁寧に何回も聞き込むことです。このとき、意味の分かった英文を聞くのがコツです。

前にも紹介した

> He came home before it rained.

であれば、

> × 「彼が帰宅した前に雨が降った」
> ○ 「彼は雨が降る前に帰宅した」

と理解しておくことが優先ということです。

　もし余裕があれば、「before it rained は副詞節だったよな」と文法事項を確認したり、「rained の r は、舌の先端をどこにも触れないで発音するんだったよな」と発音の仕方を確認したり、文法や発音を意識できると、さらに上達が早くなります。ただし、これは「余裕があれば」の話です。最低限、英文の意味が分かっていれば、あとは繰り返し丁寧に聞けば上達していきます。

　多聴用の教材は、英語であれば何でも構いません。精聴用の教材は、スクリプトと和訳のあるものを使ってください。

意味 ≫ 文法 ≫ 発音

これを覚えて！

文の意味を理解していることを確認しよう。
Make sure that you understand the meaning of a sentence.

意識改革 32

精聴には
公式問題集が便利

　前ページでお話したとおり、精聴用の教材は、スクリプトと和訳のあるものが適しています。

　次の条件も満たしているとベターです。

・"Question No.1" のような余計なアナウンスがないこと
・解答のための余計な空白時間がないこと
・内容が興味深いこと
・ある程度の長さがあること

　繰り返し聞くため、余計なアナウンスは無駄です。小さな無駄も、繰り返せば、大きな無駄になります。また、長いスクリプトが理解できれば、短いものも理解できるようになります（この逆は当てはまらない）。

このような点で公式問題集のパート3や4といった音源が精聴用の教材としてオススメできます。ある程度の長さがありますので、MP3プレイヤーなどに移したあと、余計なアナウンスは音声トラックごと削除し、本文だけをリピート再生するとよいでしょう。

　公式問題集の内容は架空のメールやアナウンスメントが多いため、関心を持てないという人がいるかもしれません。その場合は無理して公式問題集を使う必要はありません。TOEICテストにはオーソドックスな英語が使われます。自分が関心の持てる内容で、オーソドックスな英語を聞いていけば、それもTOEIC対策になります。

　また、公式問題集で精聴すると、試験形式に慣れることができます。試験に慣れていない初心者のうちは、試験形式に慣れるだけでもスコアアップの余地が大きいのです。ただし、基本ができていない段階で取り組んでも良い効果は望めません。中学と高校の英語をマスターしておくことが大切です。

TOEICテスト 新公式問題集 Vol.6
（国際ビジネスコミュニケーション協会）

これを覚えて！

精聴しよう。
Listen carefully.

意識改革 33

精聴はスクリプトを暗記して2倍速音声を聞く

スコアが上がる作戦はこれだ！

　精聴は、意味の分かった英文を丁寧に聞くトレーニングですが、リスニングが苦手な人は、「いくら丁寧に聞いても、ぜんぜん聞き取れない！」と思うかもしれません。

　学習を開始したときの私もそうでした。

　スクリプトを目で追おうとしても、どこが読まれているのか分からず、英文が終わってはじめて「あ、最後まで来たんだ」と気づくほどです。

　これくらい苦手でも、トレーニングが楽になる2つのコツがあります。これは私が900点を超えた後に気づいたコツですが、もっと早めに気づいていれば、スコアアップももっと早く実現できただろうと、今でも感じます。

　1つ目のコツは、スクリプトを暗記してしまうことです。暗記して

から音声を聞くと、スクリプトを目で追う必要もなくなりますし、英語の音に集中しやすくなります。

　精聴用の教材として、前の項目で公式問題集のパート3と4をオススメしましたが、これは覚えるのにもちょうどよいボリュームの英文です。「覚えよう」と思いながら音読してみれば、ちゃんと覚えられます。早ければ10分、遅くても30分〜1時間くらいあれば覚えられるはずです。

　その後で英文を聞いてみれば、あれほど聞こえなかった英文が、嘘のようにクリアに聞こえます。

　公式問題集でなくても、オーソドックスな英語で自分の関心の持てる文章が身近にあれば、それを使ってもいいでしょう。関心のある英文のほうが覚えやすいはずです。

　2つ目のコツは、覚えたスクリプトを2倍速で聞いてみることです。暗記したスクリプトはよく聞き取れるので、2倍速にしても十分理解できます。

　2倍速の音声を聞き、そのあとノーマルの音声を聞くと、すごくゆっくりに聞こえます。

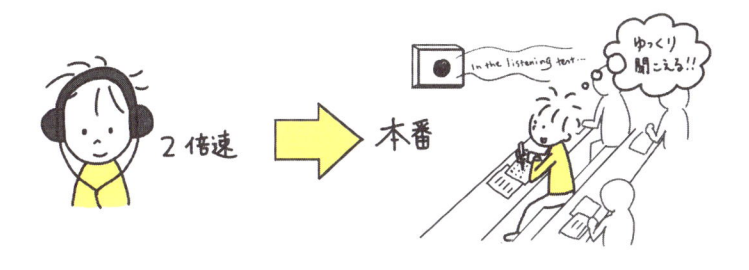

これを覚えて！
2倍速で聞いて、スコアアップも2倍速
Listen at double the speed, and you will score up at double the speed.

Coffee Break

　好きな英語の名言を見つけて口ずさめるようにしておくと、毎日の英語学習にも TOEIC の試験本番にも役立ちます。

　インターネットで、「英語、名言」などのキーワードで検索すると多くのサイトがヒットします。和訳のない英語のみのサイトが好みでしたら、"quote" で検索するとヒットしやすいです。たとえば次のようなサイトがあります。

http://www.brainyquote.com/

　「どうも最近はヤル気が出ないな〜」というときは "motivation"、「もっと努力しなくちゃ！」というときは "effort" などのキーワードを上記のサイトで入力すると、そのときの自分の気分にピッタリの英文が見つかるでしょう。

　学習時間が取れないで焦っている人は、次の孔子の言葉がしっくりくるかもしれませんね。

It doesn't matter how slowly you go so long as you don't stop.（止まらない限り、どれだけゆっくり行こうとも問題ではない）

　名言は、英語の雑学的な知識も得ることができ、面白いです。

　たとえば、「天才は1パーセントのひらめきと99パーセントの汗」という日本語訳で有名なエジソンの言葉がありますね。英語では、

Genius is one percent inspiration and ninety-nine percent perspiration.

　となっていて、inspiration と perspiration で韻をふんでいるんです。これを初めて知ったとき、どこか心が豊かになった気がしました。

120 ページに続く➡

Chapter 2
スコアが上がる勉強法

勉強法 1

最初に私がやったこと
6週間で600点を超えるまで

	1週	2週	3週
文　法	中学文法の薄い問題集	ー	ー
単　語	ー	中学の単語集	高校教科書レベルの単語集
リスニング	バイク便で聞き流し	バイク便で聞き流し	バイク便で聞き流し
リーディング	ー	ー	中学校の教科書で目を高速で動かす

スコアが上がる作戦はこれだ！

さて、みなさんは、600点を突破するために、どれくらい学習すればいいのか、知りたいところだと思います。

私の場合は、下の表に示すとおりです。（「－」は特に何もやっていません）

中学の文法と単語から積み上げていきました。<mark>基礎の積み上げ。</mark>それだけで600点はとれます。

ただし学習には個人差がありますので、次ページからより効率的で、誰もが無理なく学習できる3カ月の学習プランをご紹介します。

4週	5週	6週
－	－	高校教科書レベルの初歩的な問題集
大学入試レベルの単語集	大学入試レベルの単語集	－
バイク便で聞き流し	バイク便で聞き流し	バイク便で聞き流し
中学の教科書で目を高速で動かす	簡単なペーパーバックなどで目を高速で動かす	簡単なペーパーバックなどで目を高速で動かす

勉強法 2

最初にあなたがやること
3カ月で600点を目指そう

	1カ月目		
	1-2週	3-4週	5-6週
文法	中学の問題集を5～10冊。中学文法は基本。何冊も繰り返すことによって、基本を固めるとともに、スピードをつける。	—	高校教科書レベルの初法問題だけでなく、読
単語	—	800から1000語くらいの中学レベルの単語を覚えよう。appleやpianoなど、簡単なものばかりなので、すぐ終わる。	高校の教科書レベルの単語にステップアップしよう。
リーディング	—	—	中学の教科書を10～速読のトレーニング。で構わないので、目を
リスニング	英語の音に慣れることを目的として、スキマ時間に聞き流し。まずは音に慣れることが目的なので、		

スコアが上がる作戦はこれだ！

次の図表は3カ月で600点を目指すための早見表です。私の個人的な経験を、より一般化してあります。時間にも余裕をもたせてあります。

縦軸に取り組むテーマ、横軸に勉強開始から起算した時間が示してあります。短期上達したい人は、どんどん前倒しして学習して大丈夫です。

この図表を念頭において、それぞれの内容を次のページから確認していきましょう。

2カ月目		3カ月目	
	7-8週	9-10週	11-12週
歩的な問題集を数冊やってみよう。文解問題にも役立つ。		「TOEIC形式のほうがモチベーションが高まる」というタイプの人は、このあたりで簡単なTOEIC形式の問題集をやってみよう。	
	大学受験レベルの単語にステップアップしよう。	「TOEIC形式のほうがモチベーションが高まる」というタイプの人は、このあたりで簡単なTOEIC形式の単語集をやってみよう。そうでない人は、『究極の英単語Vol.2』で段階的に単語力を積み上げよう。	
20冊くらい用いて、理解度はイイカゲン高速で動かす。		簡単なペーパーバックを使って、速読のトレーニング。理解度はイイカゲンで構わないので、目を高速で動かす。	
聞き取れなくても全然構わない。試験前日まで毎日続ける。余裕が出てきたら、少しずつ精聴を取り入れていく。			

勉強法 3

1カ月目
400レベルの文法

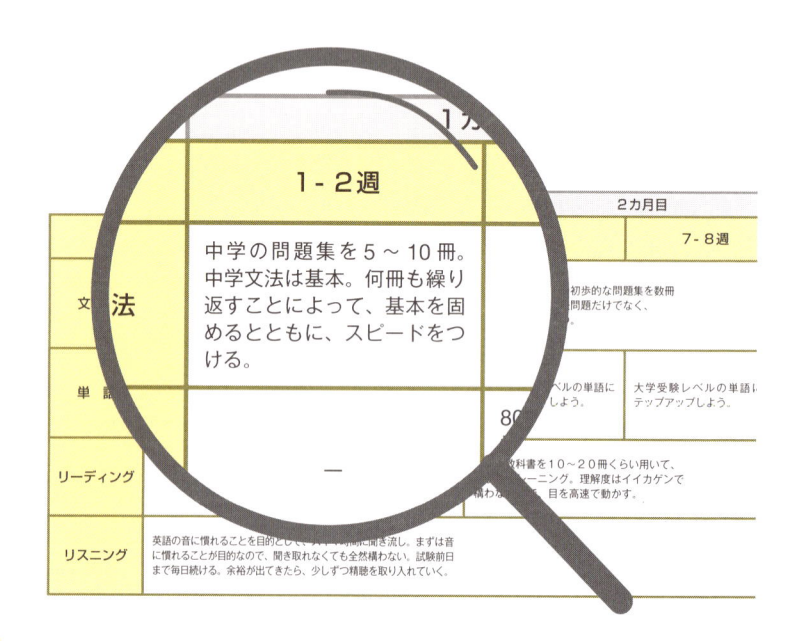

	1-2週
文法	中学の問題集を5〜10冊。中学文法は基本。何冊も繰り返すことによって、基本を固めるとともに、スピードをつける。
単語	
リーディング	—
リスニング	英語の音に慣れることを目的として、とにかく大量に聞き流し、まずは音に慣れることが目的なので、聞き取れなくても全然構わない。試験前日まで毎日続ける。余裕が出てきたら、少しずつ精聴を取り入れていく。

2カ月目 7-8週
初歩的な問題を数冊
問題だけでなく、
ベルの単語に
しよう。
大学受験レベルの単語に
テップアップしよう。
80
科書を10〜20冊くらい用いて、
ーニング。理解度はイイカゲンで
構わな 目を高速で動かす。

90

🎓 スコアが上がる作戦はこれだ！

　今、あなたがどれほど英語が苦手でも、中学 1 年生用の薄い問題集からスタートすれば、難しいことはありません。それを何冊も繰り返せば、最初は苦手だった英語が、だんだんと得意になっていきます。遠回りに見えて、一番の近道なんですね。

　実際、TOEIC の文法問題の中には、中学文法で解けるものも結構あります。

　学習のコツは、何度も繰り返すことと、1 冊を 1 時間かからず全問正解できるようになるまで、繰り返し復習してください。このとき書くと時間がかかりますから、口頭でトレーニングしていくと、時間を節約できます。

目標	中学の問題集 5 〜 10 冊。1 冊を 1 時間で終えられるようになるまで		
勉強時間	1 週間〜 2 週間		
時期	1 カ月目	2 カ月目	3 カ月目
オススメ教材	中学文法の問題集		

勉強法 4

1カ月目
400レベルの単語

	1カ月目		2カ月目	
	1-2週		6週	7-8週
文法	中学の問題集を〜 中学文法は基〜 返すことに〜 めるとと〜 ける。	—	歩的な問題集を数冊 語〜だけでなく、	
単語		800から1000語くらいの中学レベルの単語を覚えよう。appleやpianoなど、簡単なものばかりなので、すぐ終わる。	高校の ステッ	大学受験レベルの単語に テップアップしよう。 用いて、 イカゲンで
リーディング				
リスニング	英語の〜 に慣れ〜 まで毎日〜	—	中〜	

スコアが上がる作戦はこれだ！

TOEICで400点レベルというと、個人差はありますが、イメージとしては、中学高校と英語が苦手だった人が、大学の受験勉強のために最低限のことだけ学習して大学合格し、その後まったく勉強しないまま社会人となり、ある日、会社から強制的に受験させられて返ってきたスコアが、約400点くらいだった、といったところです。

ですから、400レベルの単語力は、中学レベルの単語から積み上げていけば、1～2週間で自然に通過してしまうレベルです。

目標単語数	1000語レベルを通過		
勉強時間	1～2週間		
時期	1カ月目	2カ月目	3カ月目
オススメ教材	中学生用の単語集		

オススメ教材は、800～1000語くらいの簡単な中学生用の単語集を何冊か書店で実際に手に取ってみて、あなた自身が「相性がよさそう」と感じたものがいいでしょう。覚えるためには、「これならできそう」という個人的な相性が大事なんですね。ざっと覚えてしまい、勉強に弾みをつけるのがいいでしょう。

勉強法 5

1カ月目
400レベルの
リーディング

	1カ月目		2カ月目	
	1-2週	3-4週	5-6週	7-8週
文法	中学の問題集を5～10冊。中学文法は基本。何冊も繰り返すことによって、基本を固めるとともに、スピードをつける。	〜から1000語くらい…の初歩的な問題集を数冊…学レベルの単語を覚えよう…題だけでなく、appleやpianoなど、簡単なものばかりなので、すぐ終わる。		
単語				学受験レベルの単語に…プアップしよう。
リーディング		—		中学…で 速読… 構わ…
リスニング	英語の音に…に慣れるこ…まで毎日続…	的として、スキマ時間に聞き流し。まずは音…聞き取れなくても全然構わない。試験前日…ら、少しずつ精聴を取り入れていく。		英…

94

スコアが上がる作戦はこれだ！

1カ月目のリーディングは、前ページまでで説明したとおり、中学レベルの文法と単語を勉強することが、リーディングの勉強になります。ここではリーディングの基礎を固めている段階で、表の中は空白になっています。まずは焦らずに、文法と単語のほうに集中し、基礎を固めてしまいましょう。

もちろん、中学レベルの文法と単語をマスターしてしまった人は、どんどん計画を前倒しして構いません。2カ月目のリーディングに進んで、目を高速で動かすトレーニングをスタートしましょう。

勉強法
6

1カ月目
400レベルの
リスニング

	1カ月目		2カ月目	
	1-2週	3-4週	5-6週	7-8週
文法	中学の問題集を5〜10冊、中学文法は基本。何冊も繰り返すことによって、基本を固めるとともに、スピードをつける。		高校教科書レベルの初歩的な問題集を数冊やってみよう。文法問題だけでなく、読解問題にも役立つ。	
単語		appl ものばかり る。	レベルの単語に よう。	大学受験レベルの単語にテップアップしよう。
リーディング	—	—	0冊くらい用いて、 度はイイカゲンで 動かす。	
リスニング	英語の音に慣れることを目的として、スキマ時間に聞き流し。まずは音に慣れることが目的なので、聞き取れなくても全然構わない。試験前日まで毎日続ける。余裕が出てきたら、少しずつ精聴を取り入れていく。			

スコアが上がる作戦はこれだ！

　400点くらいのスコアの人の多くは、ほとんど聞き取れない、というのが正直な感想だと思います。逆に言うと、ほとんど聞き取れなくても400点くらいは取ることが可能、ということです。リスニングのトレーニングをしていたら通過地点として400点を超えていた、というイメージで勉強するのがいいですね。

　トレーニング内容ですが、まずは英語の音に慣れることが先決です。細かいことにこだわらず、英語の音にふれる時間を増やしましょう。通勤電車、散歩、ジョギングなど、あらゆる機会をとらえて、英語を聞き流してください。聞くものは、なんでも構いません。今の時点では、何を聞いてもほとんど分からないので、逆にこだわる必要がないんですね。気を楽にして、聞き流してください。

目標リスニング時間	通勤時など少なくとも1日1時間は流し聞きしたい		
時期	1カ月目	2カ月目	3カ月目
オススメ教材	なんでもOK。たとえば今までに購入した教材にCDが付属していたら、それで十分。		

　くり返しますが、今の時点では「何を聞くか？」ではなく、「どれだけ聞くか？」を意識するのがコツです。

勉強法

7

2カ月目
500レベルの文法

		2カ...	3カ月目
	5-6週	10週	11-12週
	高校教科書レベルの初歩的な問題集を数冊やってみよう。文法問題だけでなく、読解問題にも役立つ。		がモチベーションが高まる」というタイプ 簡単な TOEIC 形式の問題集をやってみ
			チベーションが高まる」というタイプの TOEIC 形式の単語集をやってみよう。 英単語 Vol.2」で段階的に単語力を積
			を使って、速読のトレーニング。理解度 ないので、目を高速で動かす。
	校の教科書レベルの単語に ップアップしよう。	大学受 テッ	

スコアが上がる作戦はこれだ！

　中学文法をマスターしたあと、初歩的な高校文法をマスターすると、文法問題を解くだけでなく、英語を読んだり聞いたりするのにも、役立ちます。

　定評のある初歩的な高校文法問題集を1冊か2冊やるとよいでしょう。

　学習のコツは、少し考えて分からない問題は、さっさと解答を見てしまうことです。そして1冊を何度も繰り返すことです。下の欄では、余裕をもって学習時間を設定していますが、テキパキやれば1週間あれば1冊終わります。

目標	高校の初歩的な文法問題集1～2冊		
勉強時間	1日1時間～3時間（30日）		
時期	1カ月目	2カ月目	3カ月目
オススメ教材	『新・英文法頻出問題演習』（駿台文庫） 『総合英語 Forest (7th Edition) 解いてトレーニング』 （桐原書店）		

勉強法 8

2カ月目
500レベルの単語

	3カ月目
5-6...	...10週	11-12週

...科書レベルの初歩的な問題集を数冊
...ってみよう。文法問題だけでなく、
...解問題にも役立つ。

...チベーションが高まる」というタイプ
...単なTOEIC形式の問題集をやってみ

高校の教科書レベルの単語に
ステップアップしよう。

大学受験レベルの単語
テップアップしよう。

...ーションが高まる」というタイプの
...EIC形式の単語集をやってみよう。
...語Vol.2」で段階的に単語力を積

...て、速読のトレーニング。理解度
...目を高速で動かす。

英語...学の教科書を10~20冊くらい用用いて、
...に慣れ...のトレーニング。理解度はイイカゲンで
...まで毎日...いので、目を高速で動かす。

100

スコアが上がる作戦はこれだ！

2カ月目は、高校教科書レベル、大学受験レベルとステップアップしていきましょう。大学受験レベルの単語を覚えれば、TOEIC 500点レベルを通過できます。過去に大学の受験勉強をした人であれば、たとえ今では完全に忘れていても、覚え直すのは、それほど負担になりません。1日30分くらい時間をかければ、1カ月あれば1冊覚えるには十分でしょう。

中学用単語集、高校教科書レベル単語集、大学受験用単語集と、ここまで3冊の単語集を購入してきましたが、何冊も購入するのが面倒な人は、『究極の英単語 Vol.1』（アルク）がオススメです。中学レベルから大学入試レベルまで、語彙レベル順に3000語が収録されています。

目標単語数	3000語レベルを通過		
勉強時間	1日1時間〜3時間（30日）		
時期	1カ月目	2カ月目	3カ月目
オススメ教材	『究極の英単語 Vol.1』（アルク）		

勉強法 9

2カ月目
500レベルの
リーディング

	2カ月目		3カ月目	
	5-6週	7-8週	9-10週	11-12週
		問題集を数冊	「TOEIC形式のほうがモチベーションが高まる」というタイプの人は、このあたりで簡単なTOEIC形式の問題集をやってみよう。	
	教科書レベルの単語に ァップアップしよう。	大 ァップ	「TOEIC形式のほうがモチベーションが高まる」というタイプの人は、このあたりで簡単なTOEIC形式の単語集をやってみよう。そうでない人は、『究極の英単語 Vol.2』で段階的に単語力を積み上げよう。	
	中学の教科書を10～20冊くらい用いて、速読のトレーニング。理解度はイイカゲンで構わないので、目を高速で動かす。		簡単なペーパーバックを使って、速読のトレーニング。理解度はイイカゲンで構わないので、目を高速で動かす。	
	英語の音に慣れることを目的として、スキマ時間 に慣れることが目的なので、聞き取れなくても で毎日続ける。余裕が出てきたら、少しず			

スコアが上がる作戦はこれだ！

2カ月目からリーディングのトレーニングに入ります。これまでの1カ月で中学レベルの文法と単語をマスターしてきたので、リーディングの準備が整ったからです。

トレーニングの内容は、中学の教科書を10〜20冊くらい用いて、理解度はイイカゲンで構わないので、目を高速で動かすことです。

リーディングのトレーニングには、いわゆる精読と速読がありますが、今は速読のトレーニングをしていますから、正確さは気にしないで大丈夫です。目を高速で動かすことを意識してください。

目標	日本語の本を読むときと同じスピードで、英語の本に目を走らせる
勉強時間	1日10分〜3時間（30日）
時期	1カ月目 / 2カ月目 / 3カ月目
オススメ教材	中学の教科書を10〜20冊くらい

勉強法 10

2カ月目
500レベルの
リスニング

	2カ月目		3カ月目	
	5-6週	7-8週	9-10週	11-12週
	高校教科書レベルの初歩的な問題集を数冊やってみよう。文法問題だけでなく、読解問題にも役立つ。		「TOEIC形式のほうがモチベーションが高まる」というタイプの人は、このあたりで簡単なTOEIC形式の問題集をやってみよう。	
	高校	テップア	IC形式のほうがモチベーションが高まる」というタイプの のあたりで簡単なTOEIC形式の単語集をやってみよう。 人は、『究極の英単語Vol.2』で段階的に単語力を積	
	の教科書を10〜20冊くらい用いて、読のトレーニング。理解度はイイカゲンで構わないので、目を高速で動かす。		クを使って、速読のトレーニング。理解度 ないので、目を高速で動かす。	
	英語の音に慣れることを目的として、スキマ時間に聞き流し。まずは音に慣れることが目的なので、聞き取れなくても全然構わない。試験前日まで毎日続ける。余裕が出てきたら、少しずつ精聴を取り入れていく。			

104

スコアが上がる作戦はこれだ！

1カ月目と同じく、「何を聞くか？」ではなく、「どれだけ聞くか？」を意識することが大事です。

とはいえ、すでに1カ月間英語を聞き流していて、だんだん耳が慣れてきていますので、少しは「何を聞くか？」も意識すると良いでしょう。この時期は、例文型の単語集のCDを聞き流すのが効率的です。

これまで覚えてきた、中学単語、高校教科書レベル単語、大学受験単語は、意味を優先してきましたが、例文型の単語集のCDを聞き流すことで、単語の発音もある程度は覚えることができるからです。

目標リスニング時間	通勤時など少なくとも1日1時間は流し聞きしたい		
時期	1カ月目	2カ月目	3カ月目
オススメ教材	『DUO セレクト』または『DUO 3.0』（アイシーピー）		

勉強法 11

3カ月目
600点レベルの 文法

	3カ月目	
	9-10週	11-12週

「TOEIC 形式のほうがモチベーションが高まる」というタイプの人は、このあたりで簡単な TOEIC 形式の問題集をやってみよう。

「TOEIC 形式のほうがモチベーションが高まる」というタイプ
　　　　このあたりで簡単な TOEIC 形式の単語集をやってみ
簡単な　　ない人は、『究極の英単語 Vol.2』で段階的に単語
はイカ　　う。

英語の音に慣れることを
に慣れることが目的なので、聞き
まで毎日続ける。余裕が出てきたら、少しず ;也 　　入れていく。

スコアが上がる作戦はこれだ！

「文法は、TOEIC特化型の問題集のほうがヤル気が出る」というタイプの人は、このあたりで、簡単なTOEIC特化型問題集をやってみましょう。

TOEIC特化型の問題集は、文法項目そのものは中学レベルでも、使われている語彙が難しめのことが多いので初心者には難しく感じられるものですが、みなさんはすでに3000語レベルを通過して4000語レベルに取り組んでいますから、大丈夫です。

目標	TOEIC特化型問題集または高校初級レベルの問題集
勉強時間	1日1時間〜3時間（30日）
時期	1カ月目 / 2カ月目 / **3カ月目**
オススメ教材	『TOEIC TEST英文法TARGET 600』（Jリサーチ出版）

勉強法 12

3カ月目
600レベルの単語

3カ月目
9-10週

「TOEIC 形式のほうがモチベーションが高まる」というタイプの人は、このあたりで簡単な TOEIC 形式の単語集をやってみよう。そうでない人は、『究極の英単語 Vol.2』で段階的に単語力を積み上げよう。

単なペーパーバックを使って、速読のトレーニング。理〜イカゲンで構わないので、目を高速で動かす。

〜を目的として、スキマ時間〜

スコアが上がる作戦はこれだ！

「単語は、TOEIC 特化型の単語集のほうがヤル気が出る」というタイプの人は、このあたりで、簡単な TOEIC 特化型単語集をやってみましょう。そうでない人は、『究極の英単語 Vol.2』を使って、段階的に効率的に積み上げていきましょう。

目標単語数	4000 語レベルを通過		
勉強時間	1 日 1 時間〜 3 時間（30 日）		
時期	1 カ月目	2 カ月目	3 カ月目
オススメ教材	『TOEIC TEST 英単語スピードマスター』（J リサーチ出版） 『究極の英単語 Vol.2』（アルク）		

勉強法 13

3カ月目
600点レベルの リーディング

3カ月目	
9-10週	11-12週

「TOEIC形式のほうがモチベーションが高まる」というタイプの人は、このあたりで簡単なTOEIC形式の単語集をやってみよう。

「TOEIC形式のほうがモチベーションが高まる」というタイプの人は、このあたりで簡単なTOEIC形式の単語集をやってみる。そうでない人は、『究極の英単語 Vol.2』で段階的に単語力を上げよう。

簡単なペーパーバックを使って、速読のトレーニング。理解度はイイカゲンで構わないので、目を高速で動かす。

英語の音に慣れることを目的として、スキマ時間に聞き流し。まずは慣れることが目的なので、聞き取れなくても全然構わない。試験まで続ける。余裕が出てきたら、少しずつ精聴を取り入れて

スコアが上がる作戦はこれだ!

　教材をステップアップしましょう。3カ月目は、ラダーシリーズなどの子供向けのやさしいペーパーバックにチャレンジします。あるいは背伸びして、子供向けでない大人向けのペーパーバックを使ってもOKです。自分に関心のある分野であれば、モチベーションも高まりますよね。

　注意点ですが、2カ月目と同じく、理解度はイイカゲンで構いません。正確に読もうとしていたら、今の段階では、大人向けのペーパーバックは1時間で1ページも進みません！それより、目を高速で動かしてください。

　TOEICのパート7の長文問題は大量にあります。990点満点ならともかく、600点を通過するのに、正確な理解は必要ありません。ペーパーバックで速読のトレーニングをするときも、イイカゲンな理解で構いませんから、目を高速で動かすことを優先してください。

目標	日本語の本を読むときと同じスピードで、英語の本に目を走らせる
勉強時間	1日10分～3時間（30日）
時期	1カ月目 / 2カ月目 / **3カ月目**
オススメ教材	子供向けのラダーシリーズ（IBCパブリッシング）や、関心のある分野のペーパーバック

勉強法 14

3カ月目
600レベルの リスニング

3カ月目	
9-10週	11-12週

「TOEIC形式のほうがモチベーションが高まる」というタイプの人は、このあたりで簡単なTOEIC形式の問題集をやってみよう。

「TOEIC形式のほ...
人は、このあ...
そうでな...
み上げ...

...なペーパーバックを使って、速読のトレーニング。理...イカゲンで構わないので、目を高速で動かす。

英語の音に慣れることを目的として、スキマ時間に聞き流し。まずは音に慣れることが目的なので、聞き取れなくても全然構わない。試験前日まで毎日続ける。余裕が出てきたら、少しずつ精聴を取り入れていく。

スコアが上がる作戦はこれだ！

同じものを繰り返し聞くのがコツです。繰り返し聞いていれば、いくら英語が苦手でも、徐々に聞き取れるようになってきます。

2カ月目で例文型の単語集を聞き流してきたので、3カ月目も同じものを聞き流し続けてください。

例文型の単語集は、英語が苦手な人にとっては、例文を読んで理解するのに苦労することがあります。しかし、みなさんは単語と文法を中学・高校・大学入試レベルと段階的に積み上げてマスターしていますから、大丈夫です。例文型の単語集を読んでみても、スラスラと理解できるはずです。

そして、読んで理解できる英文を繰り返し聞くことが、リスニング上達のカギです。これまで覚えてきた単語の復習も兼ねることができますから、とても効率的です。

時期	1カ月目	2カ月目	3カ月目
目標リスニング時間	通勤時など少なくとも1日1時間は流し聞きしたい		
オススメ教材	『DUO セレクト』または『DUO 3.0』（アイシーピー）		

余裕のある人は、80ページで紹介した公式問題集の精聴を少しずつ取り入れてみるのもよいでしょう。

勉強法 15

テスト1週間前は
これをやる

スコアが上がる作戦はこれだ！

テスト1週間前に何をやるか？

前の日と同じです。つまり、いつも通りです。

前の日と同じように、通勤電車などでは、英語を聞き流す「ながら勉強」をします。学習に集中できるときは、単語か、文法か、速読をきたえます。

「今日は1週間前だから、今までとは違う勉強法だ。カバンの中の勉強道具も入れ変えよう」なんていったら、面倒くさいですよね。

「試験にそなえて復習をしたほうがいいんじゃないのか？」とか思う人もいるかもしれません。

たしかに、ふだんから復習していない人は、試験をモチベーションとして利用して、今までの復習をするといいでしょう。

　ただ安心していただきたいのは、これまでの学習プランに、もともと、必要な復習は組み込まれているんです。

　中学文法を何冊もやって1時間で1冊終わるまで繰り返しやる、ということもそうでしたし（51ページ）、単語を覚えるコツは、覚えるまで繰り返すことでしたし（57ページ）、単語を覚えたあとも、音源つきの単語集を使って、繰り返し聞き流すことも、復習になっています（105ページ）。

　これまでの学習に、もともと復習が組み込まれているので安心してください。

これを覚えて！

シンプルに勉強しよう。
Study simply.

勉強法 16

テスト前日は これをやる

スコアが上がる作戦はこれだ！

テスト前日は何をやるか？

体調を整えておきましょう。

TOEIC は日曜日に開催されます。そのため前日は土曜日になるわけです。

たとえば社会人の方なら月曜から金曜まで仕事が忙しくてクタクタに疲れていることもあるでしょう。特にパソコンが普及した現在では、目も疲れている、なんて場合もありますね。そんなときは無理せずに、一日中、目を閉じてベッドで休んでいるのがよいと思います。目を閉じたまま、英語を聞き流してみる、というのもいいでしょう。

ここで、日曜日の試験スケジュールのことを考えてみましょう。

- 🕐 11:30 〜 12:20　受付
- 🕐 12:25 〜 13:00　ガイダンス→待機（休憩）→本人確認
- 🕐 13:00 〜 13:45　リスニング試験
- 🕐 13:45 〜 15:00　リーディング試験

試験会場には遅くとも昼の 12:20 までには受付をすませておく必要があります。試験の前に昼食をとるか、我慢するか、自分なりに計画を立てておきましょう。

試験開始は 13:00。このときにあくびが出るような眠気をともなわないよう、当日の行動をあらかじめシミュレーションしておくのも、本番に集中力のピークにもっていくコツです。

土曜日は体内時計を本番に近づける

これを覚えて！
体調を整えよう。
Be in good shape.

勉強法 17

テスト当日の朝は これをやる

スコアが上がる作戦はこれだ！

多くの人がいろいろなことを実践しています。

ユンケルを飲むべき
トイレを考えると、水分は控えめにするべき
早めに試験会場に着いて、心を落ち着かせるべき
脳は糖分を使うから、昼食用にキャンディやチョコを用意しておくべき
etc…

私がオススメしたいのは、頭の中で暗唱できる英語名言をいくつか用意しておくことです。

試験開始の直前は、筆記用具以外のものはカバンにしまうよう指示

されます。単語集や MP3 プレイヤーを使えないんですね。

でも、その間でも、頭の中では英語を暗唱しておくことができれば、リスニングのパート 1 の開始と同時に、スッと英語の世界に入っていきやすくなります。

> Begin doing what you want to do now. We are not living in eternity. We have only this moment, sparkling like a star in our hand — and melting like a snowflake.
>
> Frances Bacon
>
> 今やりたいことをすることを始めなさい。わたしたちは永久に生きているのではない。手の中で星のように輝いていて、雪片のように溶けつつある、この一瞬だけしか持っていない。
>
> フランシス・ベーコン

私は、こんなのが好きです。みなさんも、好きな名言を見つけて口ずさめるようにしておくと、英語が楽しくなると思いますよ

これを覚えて！
英語で考えよう。
Think in English.

Coffee Break

　「われ思う、ゆえに我あり」という日本語訳で有名なデカルトの言葉があります。もともとはフランス語かラテン語だそうですが、英語にすると "I think, therefore I am." とネットでは訳されることが多いです。

　therefore は「ゆえに、だから」という意味です。一般的な辞書や文法書では、therefore は接続副詞ということになっていて、2 つの節（SV + SV）をつなぐことはできません。　＊S＝主語　V＝述語
ですから、

　✕　I think, therefore I am.

は、文法的にＮＧです。

　◯　I think. Therefore I am.
　◯　I think; therefore I am.

　上のようにピリオドで文を 2 つに分ける場合や、接続詞と同じ働きをするセミコロン（;）を使って節と節をつなぐ場合はＯＫです。

　しかし実際には、デカルトの言葉のネット上での英訳のように、therefore が接続詞として使われている例も多く、興味深いところです。

　名言を目にし、いい言葉だな〜、と感心しながらも、英語と日本語訳を見比べると、どうも一致しない。「どこから、そういう訳が出てきたんだろう？」と疑問に思ったことはありませんか？
　そんな人のために英語名言に文法解説を加えたブログを書いていますので、興味のある方はぜひ私のサイトもチェックしてください。

http://tsuchiyamasatoshi.hatenablog.com/

（TOEIC 満点／英検 1 級／国連英検特 A 級講師のミニ解説つき英語名言ブログ）

Chapter 3
スコアが上がる解き方

解き方 1

パート1は聞こえたところに意識を集中

スコアが上がる作戦はこれだ！

さっそく問題です。写真を見て、音声を聞いてください。

1. Look at the picture marked No.1 in your test book.

Ⓐ Ⓑ Ⓒ Ⓓ

Track 1　音声を聞いてください

パート1は、このように写真があるだけです。文字は何も印刷されていません。短い英文が4つ流れてきて、写真と一致している英文を選びます。

想定しておくことは、英語が苦手な段階では、試験場では英語がほとんど聞き取れないということです。

もちろん、これから皆さんがトレーニングして実力がついてきたら、英語が聞き取れるようになりますが、今の時点では、ほとんど、聞き取れないものと覚悟しておきましょう。

英文は次のように流れてきますが、

(A) The traffic is going in one direction.
(B) There are some people on the crosswalk.
(C) The street is covered with fallen leaves.
(D) The benches are lined up along the road.

おそらく、次のように断片的にしか聞こえてこないでしょう。

(A) ‥‥ traffic ‥‥ go ‥‥tion.
(B) ‥‥ people ‥‥ crosswalk.
(C) ‥‥ street ‥‥ cover ‥‥ leaves.
(D) ‥‥ benches ‥‥ lined ‥‥ road.

すると、大切なことは何か。

パニックにならず、聞こえた範囲で、あきらめずに正解の確率が高そうなものを推測することが大切なのです。

　書いてみると簡単そうですが、これはなかなか難しいことです。

　実際、多くの人が、「聞き取れなかった！」とパニックになってしまい、落ち着いていれば、実は聞き取れるはずのところさえ、聞き取れなくなります。そして、「あー、全然聞こえないや。もー終わった、はよ帰りたい」とあきらめてしまうんです。

　でも、あきらめずに、聞こえた範囲で、正解の可能性の高いものを選ぼうとしていれば、

　(A) で、"…… traffic …… go ……tion." と流れてきたときに、断片的に聞こえてきた traffic や go と、写真を照らし合わせ、「あまり正答っぽくないな」と判断できます。

　あきらめないでいれば、

　(D) で、"…… benches …… lined …… road." と流れてきたときに、benches や lined や road から、「正解の可能性が高いだろう」と正答を選べる確率が高まります。

正解と日本語訳

1. 正解 (D)

(A) その道は一方通行です。
(B) 歩道に人がいます。
(C) 落ち葉が通りを覆っています。
(D) ベンチが道路にそって並んでいます。

> 聞こえるところに意識を集中しよう。
> Focus on what you can catch.

解き方 2

聞こえることを前提とした解説は気にしない

スコアが上がる作戦はこれだ！

では、次の問題です。

2. Look at the picture marked No.2 in your test book.

Ⓐ Ⓑ Ⓒ Ⓓ

Track 2 音声を聞いてください

自分なりに、聞こえた範囲で「これが正解っぽいな」、「これは違うだろうな」と推測してみてください。

ちなみに、流れてきた音声は次のとおりです。

(A) A woman is standing by a tree.
(B) A woman is reading a book.
(C) A woman is sitting on the green wooden flooring.
(D) A woman is wearing her jacket.

もし、聞き取れれば、(B) が正解だと簡単に分かりますね。

ただ、繰り返しになりますが、まだリスニング力が十分についていない段階では、試験場では断片的にしか英語は頭に入ってきません。

(A) A woman is ‥‥‥ tree.
(B) A woman is ‥‥‥ book.
(C) A woman is ‥‥‥ flooring.
(D) A woman is ‥‥‥ jacket.

こんなふうに聞こえてきたら、(A) か (B) かどちらが正解なのか推測できませんから、どちらかにマーキングして、次の問題に備えましょう。

ところで TOEIC の参考書や問題集の中には、いろいろな傾向や対策について述べている本がありますが、音声スクリプトが聞こえてい

ることを前提にしているものは、あまり意味ないんですよね。

　たとえば、この問題だと「(A) は、女性は木の近くに座っているのであって、立っているのではないから、不正解」といった解説が付くかもしれません。

　これって、もしちゃんと全文を聞き取れたとしたら、解説なんてなくても分かりますから、読む意味がないんです。「言われなくても分かりますよ」という感じで。

　一方、聞き取れなかった場合も、座っているのか、立っているのか、答えを決める重要部分が聞き取れてないんですから、上のように解説してもらっても意味がありません。「それが聞こえないから困ってるんでしょ」という感じで。

　大切なのは、答えを決める重要な部分を、かろうじてでもいいから聞き取れるかどうか。解説を気にするよりも、リスニングの練習時間を増やしましょう。

　では、リスニングが苦手で、リスニングの勉強に対してヤル気が出ない人はどうするか？

　パート1から勉強に取り組むとよいでしょう。写真があるので、TOEIC全パートの中でもダントツにとっつきやすいからです。とっつきやすさ（＝勉強との相性）は大切です。

正解と日本語訳

2. 正解 (B)

(A) 女性が木のそばに立っています。
(B) 女性が本を読んでいます。
(C) 女性が緑色をした木製のフローリングに座っています。
(D) 女性はジャケットを羽織っています。

これを覚えて！
リスニングが苦手な場合は、写真があって取り組みやすいパート1で練習しよう。
If you are not good at listening, practice with Part 1. It has pictures and is easy to tackle.

解き方 3

パート2は
出だしに集中

スコアが上がる作戦はこれだ！

パート2の問題です。

> 3. Mark your answer in your test book.
>
> Track 3　音声を聞いてください　　　　　　Ⓐ Ⓑ Ⓒ

パート2は、問題用紙には何ひとつヒントが記載されていません。パート1では写真がヒントになりましたが、パート2では聞いた内容から正解を導き出すしかありません。

> What time will the last train come?
> (A) Yes, it will.
> (B) I went already.
> (C) At 11:45.

　上記の音声スクリプトを見てしまえば簡単そうですが、試験会場では、実際は次のように断片的に単語が聞こえてくるだけではないでしょうか。

> ・・・・ time ・・・・・・ train ・・・・・・ come?
> (A) Yes ・・・・・・.
> (B) ・・・・・・ already.
> (C) ・・・・・・ 11:45.

　パート1と同じく、すべて聞き取れなくても、聞こえた範囲でがんばる。それがTOEICです。「う〜ん、たぶん時刻のことを言っていたっぽいから、Cかな？」

　今の時点では、こんな感じで上等です。

　ところで、この問題の場合、出だしの What time が聞き取れたら、すごくラクに正解が分かると思いませんか？

　What time 〜 ?（何時か？）と言われたのだから、まともな返事をする人であれば、その時刻を返事してくれるに決まっています。つまり、パート2で一番大切なのは、==出だしを聞き取る==ことです。

もちろん「はい、そうですか」と聞き取れるリスニングの力は、今はないかもしれません。でも、「出だしを聞き取ろう！」と意識を集中することは誰にでもできるはずです。

　英語力の問題ではなく、気持ちの問題ですから。そう、リスニングは気の持ちようが大切なんです。

　よくある失敗例は、1つ前の問題が解けなくて引きずってしまい、新しい問題のナレーションを聞き逃すケースです。これはもったいない。出だしを聞いておかなければ、パート2は短いスクリプトだけに、正解へのヒントがほとんど消えてしまいます。問題ごとに気持ちをサッと切り替えて、次の出だしに意識を集中させてください。

　しかし、そうは言っても「もう少し考えたら前の問題の答えが分かりそう……」といった場合、誰だってあきらめが悪くなります。そんなときに役立つコツをご紹介します。

　パート2は選択肢が3つしかありません。消去法が使いやすいんですね。なので、選択肢の(A)と(B)の2つを聞いた時点で「あまり答えっぽくないなー」と思えたら、3つめにマーキングしてしまうのです。(B)を聞いた瞬間に、(C)にマーキングしてしまう、ということです。そうすれば、次の問題の出だしに十分に注意を払うことができます。

正解と日本語訳

3. 正解 (C)

終電はいつ来るのですか？
(A) ええ、来ます。
(B) 私はもう行きました。
(C) 11 時 45 分です。

これを覚えて！
文の出だしに集中しよう。
Focus on the beginning of a sentence.

解き方 4

パート2は英会話のテキストでトレーニング

スコアが上がる作戦はこれだ！

パート2の問題をもう1問。

> 4. Mark your answer in your test book.
>
> Track 4 音声を聞いてください
>
> The client finally accepted our proposal.
> (A) I'll be married soon.
> (B) I made an acceptance speech.
> (C) That's great news. Ⓐ Ⓑ Ⓒ

　パート2は疑問文が多いのですが、すべて疑問文と決まっているわけではありません。こんなふうに、疑問文じゃないものもあります。

だからといって、あわてる必要はないですね。試験会場でやることは同じです。パニックにならず、聞こえた範囲で、正解らしいものを推測するだけです。

　では、普段は何を勉強すればいいか？

　TOEIC 600点というスコアは、おおよそ高校英語くらいということを思い出してください。そして、あなたは今、英語が得意ではなく、昔に学習したことを忘れてしまっている……

　ということは、<mark>中学英語からもう一度積み上げていけばいいだけ</mark>なんです。

　単語でいえば、1000語、2000語、3000語、4000語、6000語と、段階的に覚えていけばいいんです。そうすれば、左ページのclientや、propsalやacceptance speechという単語も、自然と覚えてしまいます。

　実際は、3000語くらい覚えてしまえば、600点に到達する人は出てきます。

　ちなみに、「パート2が苦手だ」と感じる人は、疑問文に慣れていないことが原因になっていることがあります。

　というのは、参考書を読んだり、長文の問題を読んだりと、リーディングの量を増やしていっても、書き言葉の英語では、疑問文は案外と少ないのです。ですから、ふつうの文はスラスラ読める人でも、疑問文になると、一瞬つっかえてしまって、その一瞬のつっかえによって、

リスニングでは失点してしまう、ということがあります。

 そのため、パート2対策としては、==疑問文に慣れておくこと==が重要です。一般に市販されている英会話の本を使えば、疑問文は多く含まれています。また、疑問文を集めた英会話の本もあります。そういうのを使ってもいいでしょう。

 使い方のコツですが、英会話の本だからと張り切って、「よし、全文、口に出して練習するぞ」のように無理をすると、挫折しやすくなります。

 英語を口にするのが理想的な勉強ではありますが、実際は黙読だけでも効果はあるんです。黙読したときに、つっかえずにスラスラ意味が分かるようになれば、もうかなり上達しています。それから英語を口に出して練習する音読に移行してもぜんぜん遅くはありません。

正解と日本語訳

4. 正解 (C)

顧客はついに私たちの提案を受け入れました。
(A) 私はもうすぐ結婚します。
(B) 私は承認スピーチをしました。
(C) それは素晴らしい知らせですね。

質問文に慣れよう。
Get accustomed to questions.

解き方 5

パート3は設問先読みテクニック

スコアが上がる作戦はこれだ！

パート3は2人の会話の音声が流れ、その内容を問う問題です。

ここではなんと言っても設問の先読みがキーになります。設問を読まないと何が重要な情報なのか分かりませんから、全文を聞き取って、しかも覚えていなければなりません。しかし、設問で問われるポイントが「How long」「When」などだと分かれば、距離や時間に関する発言だけ聞き取って覚えていれば、正解の可能性が高まるからです。

それではパート3の問題です。

Track 5 音声を聞いてください

Questions 5 through 7 refer to the following conversation.

M: Hello. I'm calling about the web page design course you're offering. Could you tell me the details?
W: Certainly, sir. The first class starts this Saturday, and a class will be held every Saturday from 3:00 to 6:00 p.m. for two months. The application deadline is tomorrow, so you should come to our office today to sign up.
M: Will there be another course?
W: Yes sir, but not until January.

※ここから下は問題用紙に掲載されています

Track 6
5. Why did the man telephone the woman?
(A) To ask about the application deadline
(B) To sign up for a course
(C) To get information about some classes
(D) To check if the office is open on Saturday Ⓐ Ⓑ Ⓒ Ⓓ

6. How long is each class?
(A) Two months
(B) Two hours
(C) Three hours
(D) Six months Ⓐ Ⓑ Ⓒ Ⓓ

> 7. What does the woman suggest the man do?
> (A) Sign up for the course in January
> (B) Go to her office
> (C) Take another course
> (D) See her on Saturday　　　　　　　Ⓐ Ⓑ Ⓒ Ⓓ

　パート3は設問文と選択肢が印刷されています。上記の問題ですと、設問文は5〜7の番号が振ってある最初の一文です。選択肢は(A)(B)(C)(D)の文のことです。このうち設問に前もって目を通すことができれば、かなり有利な状況になります。

　たとえば、設問5であれば、"Why did the man telephone the woman?"を読んでおくと、「電話をかけた理由が問われているんだな」と待ち構えることができますね。

　待ち構えながら聞いていれば、以下の音声が流れたときに

"Hello. I'm calling about the web page design course you're offering. Could you tell me the details?"

「来た来た。これだ！」という感じで、

　(C)の"To get information about some classes"が答えだと分かります。

　もっとも、このような解説はありきたり。

600点を目指している人にとって、設問を先読みできる十分なスピードはまだないかもしれませんし、英文も、断片的にしか聞こえてこないでしょう。たとえば、

"Hello. I'm calling about the web page design course you're offering. Could you tell me the details?"

という英文は、

"Hello. ··· calling ··· web page ··· course ··· offering. ··· tell ··· details?"

くらいしか聞き取れない可能性があります。

　パート1やパート2と比べて、パート3からは英語が長くなります。このパートから急に手に負えない感じがして、戦意喪失する人もいらっしゃることでしょう。

　では、どうすればいいのか。

　パート1で述べたこととですが、試験場では==最初から聞き取れないものと覚悟しておくこと==です。そして、聞こえないところではなく、聞こえたところに意識を集中して、聞こえた範囲で、正解の可能性の高い選択肢を推測します。

　もし全然聞き取れなかったら、その問題は捨てていいでしょう。その代わり、次の問題の設問を先読みしておきましょう。

試験場で聞き取れるようになるために、普段は何をしておけばいいのか。

目を高速で動かして大量の英文にふれて、先読みできる十分なスピードを身につけましょう。具体的な身につけ方は、66ページにあります。それに加え、スキマ時間の聞き流しで英語の音に慣れましょう。

正解と日本語訳

設問5から7は次のアナウンスに関するものです。

男性：もしもし、そちらで開講しているウェブページ・デザインのコースについてお電話しているのですが、詳細を教えていただけますか？
女性：もちろんです。初回講座は今週土曜日で、2カ月間、毎週土曜日の午後3時から6時まで行われます。申込期限は明日ですので、お申し込みをされるなら本日、私どものオフィスまでお越しいただくのがよいかと思います。
男性：別のコースはありますか？
女性：ありますが、1月までは開講されません。

5. 正解 (C)
男性はなぜ女性に電話をかけたのですか？
(A) 申し込みの締め切りについて尋ねるため
(B) コースに申し込むため
(C) 授業の情報を得るため
(D) オフィスが土曜日に開いているかどうか確かめるため

6. 正解 (C)
授業は毎回どのくらいの長さですか？
(A) 2カ月
(B) 2時間
(C) 3時間
(D) 6カ月

7. 正解 (B)
女性は男性に何をするよう勧めましたか？
(A) 1月にそのコースに申し込む
(B) 彼女のオフィスに行く
(C) 別のコースを取る
(D) 土曜日に彼女に会う

素早く設問に目を走らせられるように、速読をきたえよう。
Get yourself hard on fast-reading so that you can browse questions quickly.

解き方 6

ディレクション（問題説明文）の聞き方

スコアが上がる作戦はこれだ！

　リスニングセクションのパート1からパート4までは、問題に入る前に、問題について説明するディレクション（英文の指示・解説）が放送で流れます。この間、ディレクションをじっと聞くというのは、はっきり言って時間のムダです。

　ディレクションはいつも同じものが流れますので、公式問題集であらかじめチェックしておきましょう。そして、本番では、このディレクションが流れている間に設問を先読みするのです。

　なお、TOEICのルールが変わることがあります。たとえば、以前はリスニングの音声が流れている間に、リーディングセクションを解いていてもOKだったのですが、現在は禁止されています。言うまでもありませんが、ルールは守ってください。

TOEIC は、今すぐに申し込んで、何度も受けましょう、と書いたのを覚えていますか？（24 ページで）

左記のような先読みのコツが、自然と身についていきます。

ディレクションは、読まなくて OK！

ディレクションに慣れよう。
Get accustomed to the directions.

解き方 7

パート4は速読力が前提

スコアが上がる作戦はこれだ！

パート4の問題です。

> Track 7 　音声を聞いてください
>
> Questions 8 through 10 refer to the following announcement.
>
> 　Attention passengers. We will be making a brief stop in Clayton before arriving at our final destination, Brighton. The weather in Clayton is cloudy. Those who are transferring trains at Clayton will be asked to show their tickets at the main gate. Please remember to deposit your trash in the proper receptacles before leaving the train. For those passengers who are staying on to Brighton, we will be serving dinner in

one hour in the dining cars. Our first class customers may enjoy their meals in their sleeping cars. We are scheduled to arrive in Brighton at 9:50 a.m. tomorrow morning. There will be light rain at our destination with temperatures in the low 60s. Please relax and enjoy the rest of your journey.

※ここから下は問題用紙に掲載されています

Track 8

8. Where is this announcement being made?
(A) In an airplane
(B) In a train
(C) In a bus
(D) In a train station   Ⓐ Ⓑ Ⓒ Ⓓ

9. What should those transferring at Clayton do?
(A) Eat dinner in the dining car
(B) Buy their tickets at the gate
(C) Show their tickets at the gate
(D) Eat dinner in the sleeping car   Ⓐ Ⓑ Ⓒ Ⓓ

10. What is the weather like in Brighton?
(A) It is clear.
(B) It is foggy.
(C) It is rainy.
(D) It is cloudy.   Ⓐ Ⓑ Ⓒ Ⓓ

パート3が会話だったのに対して、パート4はアナウンスメントが

中心です。基本的な解き方のコツはパート3と同じです。

つまり、できるだけ設問を先読みしておくこと。聞こえないところではなく、聞こえたところに意識を集中して、聞こえた範囲で正解の可能性の高い選択肢を選ぶことです。

くわえて、パート4には出題のクセがあります。

==公式問題集を見れば、次のようなものがテーマになっています。==

> ・レストランからお客へのアナウンス
> ・上司から部下へのメッセージ
> ・薬局の留守番電話メッセージ
> ・ラジオ番組のDJから視聴者へのメッセージ
> ・リゾートの宣伝
> ・スポーツ製品の会議
> ・上司への残業代の請求
> など

これらは現代の日常生活のひとコマですね。

文学的な英語でもないし、古典的な英語でもないし、科学的な英語でもないし、ニュース的な英語でもありません。

つまり、際立った特徴のない、オーソドックスな英語だということです。クセがないのがクセ、ということです。

どう対策をするか？

特別なことはしなくても大丈夫です。

普通に、普段からオーソドックスな英語を聞き慣れていけば、それが対策になっているということです。

もちろん、「何か特別な対策をしないと不安だ！」という方は、公式問題集を見ておくといいでしょう。手っ取り早く傾向を知りたい人は、日本語訳だけパラパラ見れば、どんな話題が出るのか、簡単に分かります。そうすれば、「あ、特別な対策をする必要ないんだな」ということも実感できるはずです。

ここで大切なことを一つ。出題傾向うんぬんの前に、まず、==英語を音声と同じ速度で黙読してみて、簡単に理解できるかどうか、==チェックしてみてください。もし、黙読しても内容を理解できなかった場合は、聞いて理解できるわけがありません。リスニング問題の出題傾向の話をしている場合ではなく、リーディングの力を鍛えること、特にスピードを高めることが先決なのです。

正解と日本語訳

設問 8 から 10 は次のアナウンスに関するものです。

　乗客の皆様へお知らせいたします。この列車はクレイトンに少々停車した後、終点のブライトンまで参ります。クレイトンの天候は曇りです。クレイトンで乗り換えのお客様は、メインゲートで切符をお見せください。お降りの際は、ゴミを所定の容器にお捨てくださるようお願いいたします。引き続きブライトンまでご乗車のお客様には、1時間後に食堂車で夕食をご用意いたします。1等車のお客様は、寝台車でお召し上がりいただくこともできます。ブライトンへの到着は明朝9時50分を予定しております。現地の天候は少雨、気温は60度台前半（華氏；摂氏だと15.5度）との予報です。それでは残りの旅をごゆっくりお楽しみください。

8. 正解 (B)
この案内はどこで行われているものですか？
(A) 飛行機の中
(B) 列車の中
(C) バスの中
(D) 鉄道駅の中

9. 正解 (C)
クレイトンで乗り換える人は何をしなければなりませんか？
(A) 食堂車で夕食を食べる
(B) ゲートで切符を買う
(C) ゲートで切符を見せる

(D) 寝台車で夕食を食べる

10. 正解 (C)
ブライトンはどんな天気ですか？
(A) 晴れている
(B) 霧深い
(C) 雨が降っている
(D) 曇っている

読めば簡単に理解できることを確認しておこう。
Make sure that you can understand easily if you read.

解き方 8

耳を鍛えるなら パート3、4が 効率的

スコアが上がる作戦はこれだ！

私はTOEIC形式でリスニングの対策をしたことはないのですが、TOEIC形式の教材が何よりも燃える！という方もいるでしょう。そんな場合は、パート3と4がオススメ。

パート3と4では、ある程度の長さのある会話やアナウンスメントになります。パート1や2と違って、繰り返し聞いても、「クエスチョンナンバーワン」といった余計なアナウンスによって効率が妨げられることは少ないです。TOEIC形式でリスニングのトレーニングをするのであれば、このパート3か4にしましょう。

リスニングは、1文だけであれば何とか理解できても、複数の文が連続して流れてくると、頭の処理速度が追いつかなくなってきます。この頭の処理速度を高めるためにも、ある程度の長さがあるパート3

や4でのトレーニングが効果的なんです。

==「聞いて理解できるためには、前提として、同じスピードで読んでも理解できる必要がある」==

そう頭では分かっていても、ついついリーディングのスピードアップをさぼってしまう方も多いと思います。そういう方は、ときどきパート3や4の練習問題をやってみて、問題文をゆっくり読んでいる暇がないことを実感するのもいいでしょう。

「もっと速く読めれば、リスニングも簡単になるはずだ！」と肌で感じることができれば、リーディングの訓練のためのよいモチベーションにもなるでしょう。

これを覚えて！
パート3と4のほうがパート1と2よりリスニング練習に適している。
Parts 3 & 4 are better than Parts 1 & 2 for listening practice.

解き方 9

パート5には
時間をかけすぎない

スコアが上がる作戦はこれだ！

　パート5は、パート6や7の長文問題に比べて、時間をかけて考えたからといって正答率が上がるものではありません。知っていれば瞬間的に解けるし、知らなければいくら考えても解けない。そんな性質のパートです。

　そのため、時間をかけすぎないのがポイント。たとえば次の問題は、知っていればすぐに答えられるはずですが、もし迷うようでしたら、いくら考えても答えは出てきません。

> 11. The tour guide told the tourists to be back in the bus ------ 1:00 p.m. sharp.
> (A) past
> (B) to

(C) by
(D) for　　　　　　　　　　　　　　　Ⓐ Ⓑ Ⓒ Ⓓ

　次のような中学文法で解ける問題もあるので、こういう問題は確実に正解しましょう。

12. Mr. Garcia is the perfect candidate for the position because he ------ many years of experience in the field.
(A) has had
(B) having
(C) have
(D) have had　　　　　　　　　　　　Ⓐ Ⓑ Ⓒ Ⓓ

　基本さえ分かっていれば、こうした点の稼ぎどころの問題はたくさんあります。あせらず、選択肢を見て、この問題では何が問われているか、見抜きましょう。

正解と日本語訳

11. 正解 (C)
ツアーガイドは観光客に、1時ちょうどまでにバスに戻ってくるよう言った。

12. 正解 (A)
ガルシアさんはその分野で長年の経験があるので、その職にはぴったりの候補者だ。

これを覚えて！

解けない問題に時間をかけない。
Don't waste time on difficult questions.

解き方 10

パート5は中学文法をまずマスター

スコアが上がる作戦はこれだ！

本書のあちこちで述べていますが、まずは中学文法をしっかりマスターしてください。薄い問題集であれば1冊を1時間で全問正解できるくらい、確実にマスターしてください。

そのあと、高校生用の文法問題集と、TOEIC形式の文法問題集に取り組みましょう。

取り組む順番として効率的なのは、

高校生用→TOEIC形式の順序です。高校生用のほうが、==使われている単語がやさしいので、文法に意識を集中しやすい==のです。さらに文法項目が、広く浅く解説されているので、体系的な知識が身につきやすいです。

ただし、人によっては、「自分は TOEIC 形式のほうが、臨場感が感じられて燃える！」という方もおられるでしょう。そんな場合は、TOEIC 形式の問題集で、やさしいレベルのものから取り組んでみてください。

パート5は、文法ではなく、単語の意味を問われる問題もあります。また、問われている文法そのものは中学レベルのものでも、使われている単語は中学レベルより難しくなって、雰囲気的に難しいと感じます。

つまり、中学英語は必要不可欠ですが、中学英語だけでは苦しいということですね。社会人向けの英単語を覚える必要がある、ということです。

短期でスコアアップしたい人は、中学文法はもちろん、中学単語、高校単語、社会人向けの単語といった具合にどんどん覚えていきましょう。

中学文法が必須。
Elementary grammar is a must.

解き方 11

パート6は着手時間を14:00に決めておく

スコアが上がる作戦はこれだ！

パート6、7は、考えれば正答率が高くなる傾向がありますから、パート5で分らない問題はいさぎよく捨て、パート6、7に時間をかけたほうがスコアアップできます。

そうと頭では分っていても、「分からない問題を捨てるのがツライ！」という方は多いです。その結果、パート6、7に取りかかる時間が遅くなる、という方も多いでしょう。

そんな方は、パート5が途中であっても、パート6に取りかかる時間を決めておくのも一手です。

標準的な時間どりは、こうなります。

- パート5　13:45 スタート
- パート6　14:00 スタート
- パート7　14:05 スタート

それではパート6の問題をやってみましょう。

Questions 13-16 refer to the following news article.

NOTICE

The Product Safety Commission has ordered Toy Mate Co. LTD. to ------ its Mini Miss dolls. There are small parts that

    13. (A) recalls
        (B) recall
        (C) recalling
        (D) recalled   Ⓐ Ⓑ Ⓒ Ⓓ

detach easily from the dolls and are a choking hazard to young children. So far, 150 choking incidents ------ attributed to the doll.

            14. (A) is
                (B) was
                (C) has been
                (D) have been
                    Ⓐ Ⓑ Ⓒ Ⓓ

Toy Mate's Mini Miss dolls are made of plastic and come with very small plastic accessories that children can easily put into their mouths. Their retail ------ is $15.00.

        15. (A) price
           (B) place
           (C) prize
           (D) plan   Ⓐ Ⓑ Ⓒ Ⓓ

Parents are advised to return these dolls to the Toy Mate customer service center immediately for a full refund. Please ------ sure that no plastic parts are left behind. Toy Mate

16. (A) take
    (B) do
    (C) put
    (D) make   Ⓐ Ⓑ Ⓒ Ⓓ

will also refund all shipping and handling costs. For more information, please call the Product Safety Commission toll-free number at 1-800-555-2430.

13. は文法問題ですね。order 〜 to 不定詞、という形が分れば、すぐに答えが出ます。

14. も文法問題。主語が複数ですから、動詞も複数で受けます。

15. は語彙問題です。知っているかどうかだけですから、知らなければ飛ばして次の問題に移りましょう。

16. も語彙問題です。15 と同じ対応です。

ちなみに、ここで掲載したパート 6 の問題は、知っているか知らないか、の問題です。本番でこのような問題が出たら、知らない問題はさっさと捨てる勇気を持ちましょう。そして、考えれば分かる問題を見つけて、時間を費やしてください。そのほうがトータルスコアはアップします。

正解と日本語訳

設問 13 から 16 は次のニュース記事に関するものです。

　製品安全委員会は、トイ・メイト社にミニ・ミス人形の回収を命じました。人形からすぐ外れ、幼い子どもが窒息する危険のある小さな部品があります。これまでに、この人形が原因で 150 の窒息事故が起こっています。トイ・メイト社のミニ・ミス人形はプラスチックでできており、子どもが簡単に口に入れることのできる小さなプラスチックの部品が付属しています。小売価格は 15 ドルです。

　保護者はこの人形を、トイ・メイト社の顧客サービス窓口まですぐに返品するよう勧告されています。その際、全額が返金されます。プラスチック部品は、必ずすべて残さず返送するようお願いします。トイ・メイト社は、発送手数料もすべて払い戻します。より詳しい情報は、製品安全委員会のフリーダイヤル 1-800-555-2430 までお電話ください。

13. 正解 (B)

14. 正解 (D)

15. 正解 (A)

16. 正解 (D)

これを覚えて！
パート6の着手時間を決めておこう。
Fix the start time for Part 6.

解き方 12

パート7は
イイカゲンに速く
読む力を使う

スコアが上がる作戦はこれだ！

　パート7は、とにかく大量にあるんです。スピードのある人が断然、有利になります。何度も言いましたけれど、イイカゲンでもいいから速く読める人が、強いです。もちろん、理想は「速く正確」ですが、本番における現実は「イイカゲンでもいいから速く」読む。これがスコアが上がる作戦です。

　私が比較的早くスコアアップできたのも、イイカゲンに速く読む能力を優先してトレーニングしたからです。

　それでは、パート7の問題で確認しましょう。

Questions 17-20 refer to the following advertisement.

Do you want to advance your career? Are you interested in earning more money? Do you want a career change? If you answered "yes" to any of these questions, then the Mason Online University online degree and certification program is for you. We offer online degrees in a broad range of liberal arts subjects. Our degrees are accredited and respected worldwide. We have a wide variety of specialized programs to help you with your career goals.

If you would like more information about the many programs we have to offer, please click the "More Info" button and fill out our online form. If you would like to register for a Mason online program, please click the "Register" button and fill out the secure online form. We do not accept calls or personal e-mail messages. Payment can be made online by credit card, and you can start your program right away. Please note that we do not accept personal checks, cash or money orders by mail.

Mason Online University: Making dreams come true.

17. What is this advertisement for?
(A) Online want ads
(B) A new career
(C) A credit card payment plan
(D) An Internet university

Ⓐ Ⓑ Ⓒ Ⓓ

18. What does Mason Online University offer?
(A) Degrees and certificates
(B) Muscle training programs
(C) Special TV programs
(D) Internet connections   Ⓐ Ⓑ Ⓒ Ⓓ

19. How can a person sign up for a program?
(A) By sending a personal e-mail massage
(B) By calling the university
(C) By filling out an online form
(D) By applying for a credit card   Ⓐ Ⓑ Ⓒ Ⓓ

20. How should payment be made?
(A) By personal check
(B) By credit card
(C) By cash
(D) By money order   Ⓐ Ⓑ Ⓒ Ⓓ

「イイカゲンでもいいから」ということを確かめてみましょう。17. の選択肢を見てください。

(A) オンライン求人広告
(B) 新しいキャリア
(C) クレジットカード支払い計画
(D) インターネットの大学

これらの選択肢の意味は、大幅に異なりますよね？

ということは、本文を100パーセント正確に読むことができなくても、正解できるということです。

仮に、選択肢が
(A) イントラネットの理系大学
(B) イントラネットの文系大学
(C) インターネットの理系大学
(D) インターネットの文系大学
のようでしたら、紛らわしい選択肢を吟味するために、正確な読み込みが必要かもしれません。しかし実際はそこまで細かくないんです。

試験場でのオーソドックスな読み方は、設問文 → 本文 → 選択肢という流れです。

パート3、4で設問を先読みしたのと、似たような感じですね。

設問だけ最初に読んで頭に入れておき、本文を読みはじめて、「ここが解答に関係ありそうだな」と思ったところで、選択肢を吟味するということです。

正解するためには、設問は必ず読む必要がありますが、選択肢のほうは、正解以外は結果的には読むだけ時間のロスになりますから、最初から読む必要はありません。

ただし、場合によっては、すべての選択肢を読まなくてはならないときもあります。4つとも正解に思えないときです。そういう場合は消去法によって、あまり適切でないと思えるものを外していきます。

　最近は、ネット情報が氾濫（はんらん）していて、「設問と選択肢から読むべし」「設問だけ読むべし」「本文から読むべし」の類いの「～べし」に気を取られる人もいるようですが、あまり気にする必要ありません。

　とくに、本文中の1箇所を指して、「ここだけ読めば解答できる」のような解説は、あくまで結果論です。結果的には、その1箇所を根拠にして正解できる問題であったとしても、「そこに根拠がある」と判断するためには、前のほうから順番に読み込まないと分からないことが多いからです。

　たとえば、上記の問題の 19. を正解するためには、2 段落 2 文目の

If you would like to register for a Mason online program, please click the "Register" button and fill out the secure online form.

だけ読めば解答できますが、「この文を読めば解答できる」と判断するためには、英文を最初から読む必要があるわけです。

　パート 7 対策として、当たり前のことですが、リーディングの力をつけましょう。単語と文法。そして何よりもスピードです。

正解と日本語訳

設問 17 から 20 は次の広告に関するものです。

　キャリアをアップさせたいですか。お金をもっと稼ぐことに興味がありますか。キャリアを変えたいですか。もしこの質問のいずれか 1 つにでも「はい」と答えたらなら、メイソンオンライン大学のオンライン学位・卒業証書取得プログラムがお役に立ちます。当大学は、幅広い一般教養科目でオンライン学位を提供しています。学位は世界的に認められ、高い評判を得ています。キャリアの目標に到達するのに役立つさまざまな専門プログラムもご用意しています。

　当大学が提供する数多くのプログラムについてもっとお知りになりたい方は、「詳細情報」のボタンをクリックし、オンラインフォームに入力してください。メイソンのオンラインプログラムに登録したい方は、「登録」ボタンをクリックし、セキュリティで保護されたオンラインフォームに入力してください。お電話や個人的な電子メールは受け付けておりません。お支払いはクレジットカードによってオンラインで決済でき、すぐにプログラムを開始することができます。郵送による個人小切手、現金、郵便為替は受け付けていないことをご承知ください。

メイソンオンライン大学：夢を現実のものにします。

17. 正解 (D)
これは何のための広告ですか？
(A) オンライン求人広告
(B) 新しいキャリア
(C) クレジットカードの支払い計画
(D) インターネット大学

18. 正解 (A)
メイソンオンライン大学は何を提供していますか？
(A) 学位と卒業証書
(B) 筋力トレーニングのプログラム
(C) テレビの特別番組
(D) インターネット接続

19. 正解 (C)
プログラムはどうやって申し込むことができますか？
(A) 個人的な電子メールを送ることによって
(B) 大学に電話することによって
(C) オンライン上の申込書に入力することによって
(D) クレジットカードに申し込むことによって

20. 正解 (B)
支払いはどうすべきですか？
(A) 個人小切手で
(B) クレジットカードで
(C) 現金で
(D) 郵便為替で

Chapter 1 スコアが上がる 意識改革

Chapter 2 スコアが上がる 勉強法

Chapter 3 スコアが上がる 解き方

> 理解度が低くても目を早く動かそう。
> Move your eyes fast even when you understand little.

巻末付録

① 時間捻出シート
毎日の生活を振り返り、
勉強に使える時間を把握しよう。

② 週間スケジュール表
月曜日から日曜日までの
勉強時間を割り出そう。

③ 月間計画表
毎日の勉強を計画し、
できたかどうか記録しよう。

時間捻出シート（記入例）

駅までの徒歩	10分
電車内	30分
会社までの徒歩	10分
昼休憩	20分
駅までの徒歩	10分
電車内	30分
自宅までの徒歩	10分
自宅にいる間	2時間
計	4時間

【平日】ながら勉強

朝	30分
昼休憩	30分
帰宅後	2時間
計	3時間

【平日】集中勉強

ドライブ中	1時間
スポーツジムで	1時間
自宅にいる間	2時間
計	4時間

【休日】ながら勉強

朝	1時間
夜	2時間
計	3時間

【休日】集中勉強

時間捻出シート

自分がどれだけ時間を作れるか
書き出してみよう！

【平日】ながら勉強

【平日】集中勉強

【休日】ながら勉強

【休日】集中勉強

週間スケジュール表（ながら勉強）

勉強できる時間をぬりつぶし、ビジュアル化してみよう。

時間	月	火	水	木	金	土	日
5:00							
6:00							
7:00							
8:00							
9:00							
10:00							
11:00							
12:00							
13:00							
14:00							
15:00							
16:00							
17:00							
18:00							
19:00							
20:00							
21:00							
22:00							
23:00							
24:00							
1:00							
2:00							
3:00							
4:00							

週間スケジュール表（集中勉強）

勉強できる時間をぬりつぶし、ビジュアル化してみよう。

時間	月	火	水	木	金	土	日
5:00							
6:00							
7:00							
8:00							
9:00							
10:00							
11:00							
12:00							
13:00							
14:00							
15:00							
16:00							
17:00							
18:00							
19:00							
20:00							
21:00							
22:00							
23:00							
24:00							
1:00							
2:00							
3:00							
4:00							

月間計画表 2015年 10月

~使い方~
① 勉強に使う教材を右の箱に書く
② 午前・午後・夜に分けて学習の予定を書く
③ 1日のおわりに何時間勉強できたか数値化

	月	火	水	
	何時間勉強できた？ (h)	何時間勉強できた？ (h)	何時間勉強できた？ (h)	1
午前				㊗ 0.5
午後				㊗ 0.5
夜				㊗ 1.5
	5 何時間勉強できた？ (2 h)	6 何時間勉強できた？ (2 h)	7 何時間勉強できた？ (2 h)	8
午前	㊗ 0.5h ✓	㊗ 0.5h ✓	㊗ 0.5h ✓	㊗ 0.5
午後	㊗ 0.5h ✓	㊗ 0.5h ✓	㊗ 0.5h ✓	㊗ 0.5
夜	㊗ 1h ✓	㊗ 1h ✓	㊗ 1h ✓	㊗ 1h
	12 何時間勉強できた？ (2 h)	13 何時間勉強できた？ (2 h)	14 何時間勉強できた？ (2 h)	15
午前	㊗ 0.5h	㊗ 0.5h	㊗ 0.5h	㊗ 0.5
午後	㊗ 0.5h	㊗ 0.5h	㊗ 0.5h	㊗ 0.5
夜	㊗ 1h	㊗ 1h	㊗ 1h	㊗ 1h
	19 何時間勉強できた？ (2 h)	20 何時間勉強できた？ (2 h)	21 何時間勉強できた？ (2 h)	22
午前	㊗ 0.5h	㊗ 0.5h	㊗ 0.5h	㊗ 0.5
午後	㊗ 0.5h	㊗ 0.5h	㊗ 0.5h	㊗ 0.5
夜	㊗ 1h	㊗ 1h	㊗ 1h	㊗ 1h
	26 何時間勉強できた？ (2 h)	27 何時間勉強できた？ (2 h)	28 何時間勉強できた？ (2 h)	29
午前	㊗ 0.5h ✓	㊗ 0.5h ✓	㊗ 0.5h ✓	㊗ 0.5
午後	㊗ 0.5h ✓	㊗ 0.5h ✓	㊗ 0.5h ✓	㊗ 0.5
夜	㊗ 1h	㊗ 1h ✓	㊗ 1h ✓	㊗ 1h
	何時間勉強できた？ (h)	何時間勉強できた？ (h)	何時間勉強できた？ (h)	
午前				
午後				
夜				

使う教材（ながら勉強）

- ㋳ DUO 3.0
- ㋜ 英単語スピードマスター
- ㋖ 鬼の変速リスニング

使う教材（集中勉強）

- ㋤ 夏ドリル中1〜3
- ㋖ 中学教科書
- ㋞ 英文法TARGET1600
- ㋲ 模試㋶ラダーシリーズ
- ㋩ ペーパーバック

勉強時間

目標 **76h**

結果 **72h**

木	金	土	日
何時間勉強できた？ (2 h) ㋳ h ✓ ㋜ h ✓ ㋖ h ✓	**2** 何時間勉強できた？ (2 h) ㋳ 0.5h ✓ ㋳ 0.5h ✓ ㋖ 1.5h ✓	**3** 何時間勉強できた？ (3 h) ㋖ 1h ✓ ㋞ 1h ✓ ㋶ 1h ✓	**4** 何時間勉強できた？ (3 h) ㋖ 1h ✓ ㋞ 1h ✓ ㋶ 1h ✓
何時間勉強できた？ (2 h) ㋳ h ✓ ㋜ h ✓	**9** 何時間勉強できた？ (2 h) ㋳ 0.5h ✓ ㋳ 0.5h ✓ ㋖ 1h ✓	**10** 何時間勉強できた？ (4.5 h) ㋖ 2h ✓ ㋞ 1h ✓ ㋶ 1.5h ✓	**11** 何時間勉強できた？ (4.5 h) ㋖ 2h ✓ ㋞ 1h ✓ ㋶ 1.5h ✓
何時間勉強できた？ (2 h) ㋳ h ✓ ㋜ h ✓	**16** 何時間勉強できた？ (2 h) ㋳ 0.5h ✓ ㋳ 0.5h ✓ ㋖ 1h ✓	**17** 何時間勉強できた？ (2 h) ㋲ 2h ✓	**18** 何時間勉強できた？ (4 h) ㋲ 見直し2h ✓ ㋲ 見直し2h ✓
何時間勉強できた？ (2 h) ㋳ h ✓ ㋜ h ✓	**23** 何時間勉強できた？ (2 h) ㋜ 0.5h ✓ ㋜ 0.5h ✓ ㋞ 1h ✓	**24** 何時間勉強できた？ (4.5 h) ㋖ 2h ✓ ㋞ 1h ✓ ㋩ 1.5h ✓	**25** 何時間勉強できた？ (4.5 h) ㋖ 2h ✓ ㋞ 1h ✓ ㋩ 1.5h ✓
何時間勉強できた？ (2 h) ㋳ h ✓ ㋜ h ✓	**30** 何時間勉強できた？ (2 h) ㋜ 0.5h ✓ ㋜ 0.5h ✓ ㋶ 1h ✓	**31** 何時間勉強できた？ (2 h) ㋲ 2h ✓	何時間勉強できた？ (h)

月間計画表　　　年　　月

~使い方~
①勉強に使う教材を右の箱に書く
②午前・午後・夜に分けて学習の予定を書く
③1日のおわりに何時間勉強できたか数値化

	月	火	水	
	何時間勉強できた? (　　　h)	何時間勉強できた? (　　　h)	何時間勉強できた? (　　　h)	
午前				
午後				
夜				
	何時間勉強できた? (　　　h)	何時間勉強できた? (　　　h)	何時間勉強できた? (　　　h)	
午前				
午後				
夜				
	何時間勉強できた? (　　　h)	何時間勉強できた? (　　　h)	何時間勉強できた? (　　　h)	
午前				
午後				
夜				
	何時間勉強できた? (　　　h)	何時間勉強できた? (　　　h)	何時間勉強できた? (　　　h)	
午前				
午後				
夜				
	何時間勉強できた? (　　　h)	何時間勉強できた? (　　　h)	何時間勉強できた? (　　　h)	
午前				
午後				
夜				
	何時間勉強できた? (　　　h)	何時間勉強できた? (　　　h)	何時間勉強できた? (　　　h)	
午前				
午後				
夜				

使う教材（ながら勉強）	使う教材（集中勉強）	勉強時間
		目標
		結果

木	金	土	日
何時間勉強できた？ (h)	何時間勉強できた？ (h)	何時間勉強できた？ (h)	何時間勉強できた？ (h)
何時間勉強できた？ (h)	何時間勉強できた？ (h)	何時間勉強できた？ (h)	何時間勉強できた？ (h)
何時間勉強できた？ (h)	何時間勉強できた？ (h)	何時間勉強できた？ (h)	何時間勉強できた？ (h)
何時間勉強できた？ (h)	何時間勉強できた？ (h)	何時間勉強できた？ (h)	何時間勉強できた？ (h)
何時間勉強できた？ (h)	何時間勉強できた？ (h)	何時間勉強できた？ (h)	何時間勉強できた？ (h)
何時間勉強できた？ (h)	何時間勉強できた？ (h)	何時間勉強できた？ (h)	何時間勉強できた？ (h)

月間計画表　　　年　　月

~使い方~
①勉強に使う教材を右の箱に書く
②午前・午後・夜に分けて学習の予定を書く
③1日のおわりに何時間勉強できたか数値化

	月	火	水	
	何時間勉強できた？ (　　　h)	何時間勉強できた？ (　　　h)	何時間勉強できた？ (　　　h)	
午前				
午後				
夜				
	何時間勉強できた？ (　　　h)	何時間勉強できた？ (　　　h)	何時間勉強できた？ (　　　h)	
午前				
午後				
夜				
	何時間勉強できた？ (　　　h)	何時間勉強できた？ (　　　h)	何時間勉強できた？ (　　　h)	
午前				
午後				
夜				
	何時間勉強できた？ (　　　h)	何時間勉強できた？ (　　　h)	何時間勉強できた？ (　　　h)	
午前				
午後				
夜				
	何時間勉強できた？ (　　　h)	何時間勉強できた？ (　　　h)	何時間勉強できた？ (　　　h)	
午前				
午後				
夜				
	何時間勉強できた？ (　　　h)	何時間勉強できた？ (　　　h)	何時間勉強できた？ (　　　h)	
午前				
午後				
夜				

使う教材（ながら勉強）	使う教材（集中勉強）	勉強時間
		目標
		結果

木	金	土	日
何時間勉強できた？ (h)	何時間勉強できた？ (h)	何時間勉強できた？ (h)	何時間勉強できた？ (h)
何時間勉強できた？ (h)	何時間勉強できた？ (h)	何時間勉強できた？ (h)	何時間勉強できた？ (h)
何時間勉強できた？ (h)	何時間勉強できた？ (h)	何時間勉強できた？ (h)	何時間勉強できた？ (h)
何時間勉強できた？ (h)	何時間勉強できた？ (h)	何時間勉強できた？ (h)	何時間勉強できた？ (h)
何時間勉強できた？ (h)	何時間勉強できた？ (h)	何時間勉強できた？ (h)	何時間勉強できた？ (h)
何時間勉強できた？ (h)	何時間勉強できた？ (h)	何時間勉強できた？ (h)	何時間勉強できた？ (h)

月間計画表　　　年　　月

～使い方～
①勉強に使う教材を右の箱に書く
②午前・午後・夜に分けて学習の予定を書く
③1日のおわりに何時間勉強できたか数値化

	月	火	水	
	何時間勉強できた？（　　h）	何時間勉強できた？（　　h）	何時間勉強できた？（　　h）	
午前				
午後				
夜				
	何時間勉強できた？（　　h）	何時間勉強できた？（　　h）	何時間勉強できた？（　　h）	
午前				
午後				
夜				
	何時間勉強できた？（　　h）	何時間勉強できた？（　　h）	何時間勉強できた？（　　h）	
午前				
午後				
夜				
	何時間勉強できた？（　　h）	何時間勉強できた？（　　h）	何時間勉強できた？（　　h）	
午前				
午後				
夜				
	何時間勉強できた？（　　h）	何時間勉強できた？（　　h）	何時間勉強できた？（　　h）	
午前				
午後				
夜				
	何時間勉強できた？（　　h）	何時間勉強できた？（　　h）	何時間勉強できた？（　　h）	
午前				
午後				
夜				

使う教材（ながら勉強）	使う教材（集中勉強）	勉強時間
		目標
		結果

木	金	土	日
何時間勉強してきた？ (h)	何時間勉強してきた？ (h)	何時間勉強してきた？ (h)	何時間勉強してきた？ (h)
何時間勉強してきた？ (h)	何時間勉強してきた？ (h)	何時間勉強してきた？ (h)	何時間勉強してきた？ (h)
何時間勉強してきた？ (h)	何時間勉強してきた？ (h)	何時間勉強してきた？ (h)	何時間勉強してきた？ (h)
何時間勉強してきた？ (h)	何時間勉強してきた？ (h)	何時間勉強してきた？ (h)	何時間勉強してきた？ (h)
何時間勉強してきた？ (h)	何時間勉強してきた？ (h)	何時間勉強してきた？ (h)	何時間勉強してきた？ (h)
何時間勉強してきた？ (h)	何時間勉強してきた？ (h)	何時間勉強してきた？ (h)	何時間勉強してきた？ (h)

月間計画表　　　　年　　　月

~使い方~
①勉強に使う教材を右の箱に書く
②午前・午後・夜に分けて学習の予定を書く
③１日のおわりに何時間勉強できたか数値化

		月	火	水	
		何時間勉強できた？ (　　　　h)	何時間勉強できた？ (　　　　h)	何時間勉強できた？ (　　　　h)	
午前					
午後					
夜					
		何時間勉強できた？ (　　　　h)	何時間勉強できた？ (　　　　h)	何時間勉強できた？ (　　　　h)	
午前					
午後					
夜					
		何時間勉強できた？ (　　　　h)	何時間勉強できた？ (　　　　h)	何時間勉強できた？ (　　　　h)	
午前					
午後					
夜					
		何時間勉強できた？ (　　　　h)	何時間勉強できた？ (　　　　h)	何時間勉強できた？ (　　　　h)	
午前					
午後					
夜					
		何時間勉強できた？ (　　　　h)	何時間勉強できた？ (　　　　h)	何時間勉強できた？ (　　　　h)	
午前					
午後					
夜					
		何時間勉強できた？ (　　　　h)	何時間勉強できた？ (　　　　h)	何時間勉強できた？ (　　　　h)	
午前					
午後					
夜					

使う教材（ながら勉強）	使う教材（集中勉強）	勉強時間
		目標
		結果

木	金	土	日
何時間勉強できた？ (　　　　h)	何時間勉強できた？ (　　　　h)	何時間勉強できた？ (　　　　h)	何時間勉強できた？ (　　　　h)
何時間勉強できた？ (　　　　h)	何時間勉強できた？ (　　　　h)	何時間勉強できた？ (　　　　h)	何時間勉強できた？ (　　　　h)
何時間勉強できた？ (　　　　h)	何時間勉強できた？ (　　　　h)	何時間勉強できた？ (　　　　h)	何時間勉強できた？ (　　　　h)
何時間勉強できた？ (　　　　h)	何時間勉強できた？ (　　　　h)	何時間勉強できた？ (　　　　h)	何時間勉強できた？ (　　　　h)
何時間勉強できた？ (　　　　h)	何時間勉強できた？ (　　　　h)	何時間勉強できた？ (　　　　h)	何時間勉強できた？ (　　　　h)
何時間勉強できた？ (　　　　h)	何時間勉強できた？ (　　　　h)	何時間勉強できた？ (　　　　h)	何時間勉強できた？ (　　　　h)

月間計画表　　　年　　月

~使い方~
①勉強に使う教材を右の箱に書く
②午前・午後・夜に分けて学習の予定を書く
③1日のおわりに何時間勉強できたか数値化

	月	火	水	
	何時間勉強できた? (　　　　h)	何時間勉強できた? (　　　　h)	何時間勉強できた? (　　　　h)	
午前				
午後				
夜				
	何時間勉強できた? (　　　　h)	何時間勉強できた? (　　　　h)	何時間勉強できた? (　　　　h)	
午前				
午後				
夜				
	何時間勉強できた? (　　　　h)	何時間勉強できた? (　　　　h)	何時間勉強できた? (　　　　h)	
午前				
午後				
夜				
	何時間勉強できた? (　　　　h)	何時間勉強できた? (　　　　h)	何時間勉強できた? (　　　　h)	
午前				
午後				
夜				
	何時間勉強できた? (　　　　h)	何時間勉強できた? (　　　　h)	何時間勉強できた? (　　　　h)	
午前				
午後				
夜				
	何時間勉強できた? (　　　　h)	何時間勉強できた? (　　　　h)	何時間勉強できた? (　　　　h)	
午前				
午後				
夜				

使う教材（ながら勉強）	使う教材（集中勉強）	勉強時間
		目標
		結果

木	金	土	日
何時間勉強できた？ (h)	何時間勉強できた？ (h)	何時間勉強できた？ (h)	何時間勉強できた？ (h)
何時間勉強できた？ (h)	何時間勉強できた？ (h)	何時間勉強できた？ (h)	何時間勉強できた？ (h)
何時間勉強できた？ (h)	何時間勉強できた？ (h)	何時間勉強できた？ (h)	何時間勉強できた？ (h)
何時間勉強できた？ (h)	何時間勉強できた？ (h)	何時間勉強できた？ (h)	何時間勉強できた？ (h)
何時間勉強できた？ (h)	何時間勉強できた？ (h)	何時間勉強できた？ (h)	何時間勉強できた？ (h)
何時間勉強できた？ (h)	何時間勉強できた？ (h)	何時間勉強できた？ (h)	何時間勉強できた？ (h)

●著者紹介

土屋雅稔　Tsuchiya Masatoshi

千葉県でエクセレンス・イングリッシュ・スクールを主宰。TOEIC満点、英検1級、国連英検特A級。高校はビリから2番で卒業。大学は3日で中退。オートバイのレーサーを目指し、20代の大半を肉体労働系のフリーターとして過ごす。30才で英語学習を開始し、1年でTOEIC900、4年で英語講師。著書に『＜具体的・効率的＞英語学習最強プログラム』、『NHK講座を利用した＜具体的・効率的＞英語学習法』（ベレ出版）など多数。

カバーデザイン	土岐晋二
本文デザイン／DTP	株式会社秀文社
校正	巣之内史規
イラスト	池上真澄
音声録音・編集	財団法人　英語教育協議会（ELEC）

TOEIC®TEST 英語勉強法　TARGET 600

平成27年（2015年）10月10日　初版第1刷発行

著　者	土屋雅稔
発行人	福田富与
発行所	有限会社 Jリサーチ出版
	〒166-0002　東京都杉並区高円寺北2-29-14-705
	電　話 03(6808)8801(代)　FAX 03(5364)5310
	編集部 03(6808)8806
	http://www.jresearch.co.jp
印刷所	株式会社 シナノ パブリッシング プレス

ISBN978-4-86392-245-7　禁無断転載。なお、乱丁・落丁はお取り替えいたします。
© Masatoshi Tsuchiya 2015 All rights reserved.

最効率でスコアを上げる厳選問題
TOEIC® TEST リスニング TARGET

森田 鉄也
Morita Tetsuya

定価1200円(本体) — TOEIC TEST リスニング TARGET 600

定価1400円(本体) — TOEIC TEST リスニング TARGET 900
11月下旬発売予定

本当にスコアが上がる厳選問題
TOEIC® TEST 英文法 TARGET

森田 鉄也
Morita Tetsuya

定価1000円(本体) — TOEIC TEST 英文法 TARGET 600

定価1200円(本体) — TOEIC TEST 英文法 TARGET 900

解けば解くほどスコアが上がる厳選問題
TOEIC® TEST 長文読解 TARGET

森田 鉄也
Morita Tetsuya

定価1200円(本体) — TOEIC TEST 長文読解 TARGET 600

定価1300円(本体) — TOEIC TEST 長文読解 TARGET 900

TOEIC is a registered trademark of Educational Testing Service (ETS)

Jリサーチ出版